Das Land der Bibel

aufgenommen am
18. Januar 1987

durch den Satelliten
Landsat 5

Abbildungsnachweis

W. F. Albright Institute of Archaeological Research, Jerusalem: *35*; Archiv des Biblischen Instituts, Freiburg (CH): *18, 73, 92, 96, 106, 108, 109, 121, 124, 152*; BAR 14 (1988), 56: *184*; Manfred Bietak, Wien: *49*; Bildarchiv Preußischer Kulturbesitz, Berlin: *119*; The British Library, London (pap 121[3]): *233*; Hanswulf Bloedhorn, Jerusalem: *222*; Jacques Briend/Jean-Baptiste Humbert, Tell Keisan, Fribourg/Göttingen/Paris 1980, Pl. 89, Nr. 21: *153*; BRL^2, Abb. 45/3: *80*; Alain Chambon, Tell el-Far'ah I. L'age du fer, Paris 1984. Pl. 63/2: *112*; Barbara Connell, Zürich: *32, 41*; Barbara Connell/Susanne Staubli, Zürich: *23, 38*; Deutsche Bibelgesellschaft, Stuttgart: *135* (unter Verwendung von PKG 18, Fig. 87); Jürg Eggler: *89, 208*; Jürg Eggler, Freiburg (CH)/Douglas Clark, Walla Walla College: *87*; Jürg Eggler, Freiburg (CH)/Rami Khouri, Amman: *208*; Eretz Israel 19 (1987), 285: *226*; Kuno Füssel, Drei Tage mit Jesus im Tempel, Münster 1987, 73: *191*; E. Goodenough, Jewish Symbols II, Nr. 1085 und XI, Abb. III: *234, 235*; David Hendin, Guide to Biblical Coins, New York 1996, Nr. 917: *189*; The Israel Antiquities Authority, Jerusalem: *115*; The Israel Museum, Jerusalem: *65, 86, 114*; K. Jarosch, Hundert Inschriften aus Kanaan und Israel, für den Hebräischunterricht bearbeitet, Fribourg 1982, 37: *28*; Hildi Keel-Leu, Freiburg (CH): *120, 170, 172*; Othmar Keel, Freiburg (CH): *40, 51, 128*; Othmar Keel/Christoph Uehlinger, Göttinnen, Götter und Gottessymbole, Freiburg/Basel/Wien 1992, Abb. 220: *105*; Ernst Axel Knauf, Bern: *42*; Max Küchler, Freiburg (CH): *176–179, 185, 188, 190, 192, 193, 196, 203, 206, 209, 224*; G. Loud, Megiddo Ivories, Chicago 1932, Pl. IV: *66*; F. W. Madden, History of Jewish Coinage and of Money in the Old and New Testament (London 1884), Abb. 83, 209/3 und 249/1: *188, 194, 195*; Nanno Marinatos, Athen: *50*; Amihai Mazar, Eretz Israel 16 (1984), 135–145, fig. 3: *79*; Y. Meshorer, City Coins of Eretz-Israel and the Decapolis in the Roman Period, Jerusalem 1985, Abb. 7, 50 und 126: *171, 197, 216*; Siegfried Mittmann, Tübingen: *25*; Stefan Münger, Freiburg (CH): 2; Museum für Abgüsse Klassischer Bildwerke, München: *183, 227, 228*; A. Peterson, Assyrian Sculptures, Palace of Sinacherib, The Hague, 1915, aus Taf. 68–78: *33*; Pontificia Commissione di Archeologia Sacra, Rom: *232*; Zev Radovan, Jerusalem: *47, 113, 229*; nach einer Vorlage von R.N.M., Paris: 39; ROHR Productions Ltd., Nikosia: *81, 107*; Andreas Rothacher, Zürich: *63*; G. Rühlmann, Halle-Wittenberg: *46*; N. K. Sanders, The Sea Peoples, London 1987, 171: *83*; Ursula Seidl, München: *146–148*; M. Seyrig, Syria 15 (1934), 155: *44*; Thomas Staubli, Köniz: *1, 3, 14–17, 19, 22, 24, 26, 27, 29–31, 34, 37, 37, 43, 51–60, 67–72, 74–78, 85, 90, 93, 94, 97, 99, 101, 103, 111, 116, 117, 122, 125, 126, 129–131, 134, 136–145, 149–151, 154–163, 165–168, 173–175, 181, 182, 186, 187, 199, 200, 202, 212, 215, 217–221, 223, 225, 231, 236–246*; Susanne Staubli, Zürich/Thomas Staubli, Köniz: *4–13*; Christoph Uehlinger: *118*; University of Pennsylvania Museum (neg. # S8-41433): *64*; Kurt-Michael Westermann, Wien: *247*; Roland de Vaux, L'Archéologie et les manuscrits de la Mer Morte, London 1961, Pl. III: *213*; Jean-Marc Wild, Freiburg (CH): *180*.

ISBN 3-438-06035-3

Satz und Gestaltung: Schwarz, Grafik & Satz, Stuttgart
Druck: Proost, Belgium

Biblische Welten

Ein Bildatlas von Thomas Staubli

unter Mitarbeit von
Othmar Keel, Max Küchler
und Christoph Uehlinger

Deutsche Bibelgesellschaft

Geographie, Archäologie, Geschichte und Bibel

»...und das Wort ward Fleisch...« (Joh 1,14)

Wer von Sara und Hagar, Mose und David, Jesus und Maria gehört hat, möchte sehen, wo sie gelebt haben, und wissen, in welchem Verhältnis ihre Geschichten zur Geschichte der Welt und damit auch zu uns stehen. Lebendiger Glaube war und ist immer konkret.

»Die Botschaft von der Menschwerdung Gottes kann auf die Einzelheiten der Geographie und der durch Archäologie und schriftliche Quellen bezeugten Geschichte nicht verzichten, ohne ein blutleeres Prinzip zu werden. Die an und für sich belanglosen Details der Geschichte und der Geographie erhalten ihrerseits durch die Integration in die Verkündigung der Propheten und Evangelisten und in die Reflexionen der Lehrer Israels Anteil am Glanz des Ewigen.«
(O. Keel/M. Küchler)

Dieser kleine Atlas gibt mit Bildern und Karten einen Überblick über die Erkenntnisse aus etwas mehr als hundert Jahren Archäologie in den Ländern der Bibel. Viele Bilder werden hier zum ersten Mal gezeigt. Jährlich kommen neue Funde hinzu.

Die Bibel lesen

Aus Afrika verschleppte Sklavinnen und Sklaven riefen im Vertrauen auf Gottes starke Hand mit den alten Hebräerinnen und Hebräern: »Let my people go!« Von der Kirche ins zweite Glied versetzte Frauen singen mit Maria: »Er stößt die Gewaltigen vom Thron und erhebt die Niedrigen.« Kinder, diszipliniert im Namen des Herrgotts, träumen von Noahs Arche und von Jona im Bauch des Fisches. Die Bibel ist kein Buch mit sieben Siegeln. Wer darin liest, will noch mehr wissen, noch mehr verstehen und lenkt deshalb sein Interesse auch auf das Land der Bibel.

1

Nach Fakten forschen

Auf der Suche nach mehr historischen Daten aus biblischer Zeit, wie hier in Kinneret am See Gennesaret, leistet die Archäologie unschätzbare Dienste. Die junge Wissenschaft informiert über das Leben vergangener Zeiten und Gesellschaften. Teils relativiert sie die biblische Geschichtsdarstellung, teils erhellt sie den Sinn und den Sitz im Leben biblischer Texte. Zu den wichtigsten Funden für die Religionsgeschichte Palästinas gehören die Reste von Tempelanlagen, Bronze- und Terrakottafiguren von Gottheiten, Kultgegenstände und Tausende von Bildmotiven auf Siegelamuletten.

2

4-13 Bedeutende Persönlichkeiten in der Archäologie Palästinas/Israels

4

Die Romantikerin und Abenteurerin **Lady Hester Lucy Stanhope** (1776–1839) gräbt 1815 erstmals mit ihrem Freund Dr. Meryon in Aschkelon auf der Suche nach einem sagenhaften Schatz.

5

Sir William Matthew Flinders Petrie (1853–1942) fertigt 1890 vom Tell el-Hesi, den er für das biblische Lachisch hält, eine aufgrund von Keramik datierte Schichtenkarte an und begründet damit die wissenschaftliche Archäologie.

6

Ernst Sellin (1867–1946; Bild oben rechts) und **Carl Watzinger** (1877–1948; Bild unten links) graben u.a. auf dem Tell es-Sultan (Jericho) mit deutscher Gründlichkeit und setzen bei der Vermessung und Datierung neue Maßstäbe.

7

William Foxwell Albright (1891–1971) gräbt als Direktor der American School of Oriental Research in Jerusalem auf Tell el-Ful (Gibea?) und Tell Bet-Mirsim (Eglon?). Seine auf archäologischen und biblischen Daten basierende Rekonstruktion der Geschichte Israels prägt eine ganze Generation.

8

Dame Kathleen Mary Kenyon (1906–1978) gräbt in Jericho und Jerusalem. Ihre Anwendung der stratigraphischen Methode im Feld revolutioniert die Palästinaarchäologie grundlegend.

Madabakarte (Ausschnitt)

Karten zur Vergegenwärtigung der Heilsgeschichte sind keine Errungenschaft der modernen Bibelarchäologie. 1884 wurde in Madaba (Jordanien) eine Kirche entdeckt, deren Mosaikfußboden um 600 n. Chr. als riesige Landkarte der biblischen Länder gestaltet worden ist. Beischriften zu Städten, Flüssen und Landschaften stellen Beziehungen zur biblischen Geschichte her und zeugen von einer guten Kenntnis sowohl der Bibel als auch der palästinischen Geographie.

Englische Palästinakarte von 1924, revidiert 1946, mit israelischen Eintragungen von 1956 (Ausschnitt aus Blatt 9: Ramle, mit der sog. »Tasche von Latrun«). Die neuere Geschichte hat die Landschaft stark verändert. In den Zwanziger- und Dreißigerjahren dieses Jahrhunderts erstellte die britische Mandatsregierung exakte Karten von Palästina im Maßstab 1:100 000 zwecks zuverlässiger Grundbücher als Grundlage für die Besteuerung der Bevölkerung. 1956 überdruckten die Israelis diese Karten mit den Grenzen von 1948 und neuen hebräischen Ortsnamen. Unter hunderten von arabischen Ortsnamen steht in Klammer das hebräische Wort *»harus«*, d.h. »zerstört«.

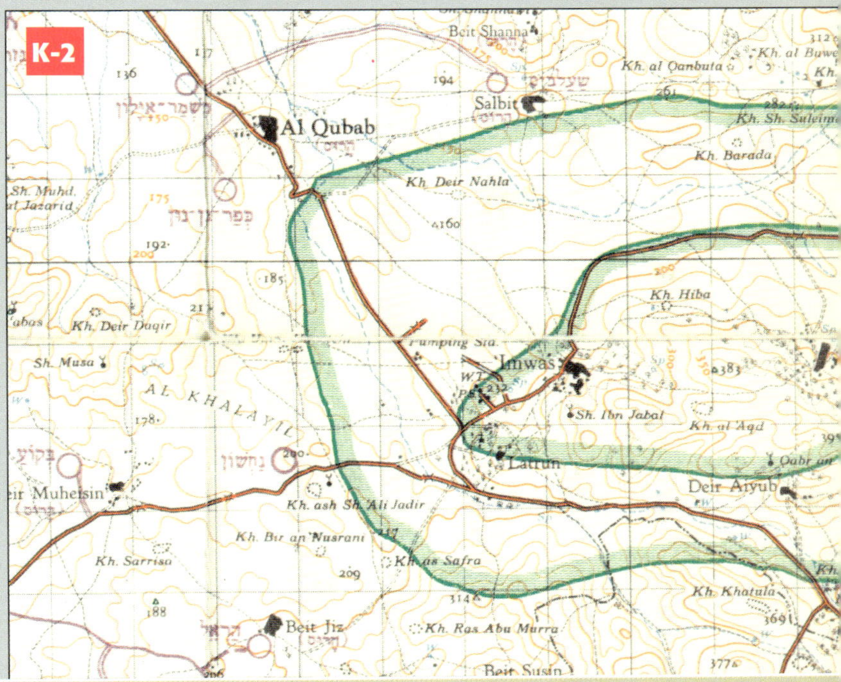

Zusammenhänge herstellen

Die archäologischen Funde werden, wie hier am Biblischen Institut von Fribourg (Schweiz), gesammelt, wissenschaftlich beschrieben, geordnet und gedeutet. Sie stellen Puzzleteile dar, mit deren Hilfe vergangene kulturelle Zeichensysteme in fragmentarischer Weise rekonstruiert werden können. Es geht nicht nur um die in der Bibel betonte Ereignisgeschichte, sondern um die Erkenntnis von Tendenzen und Entwicklungen in einzelnen Regionen und über Epochen hin.

9

Roland Guérin de Vaux O.P. (1903–1971) legt als Direktor der Ecole biblique de Jérusalem u.a. die Ruinen der Essenersiedlung Qumran frei. Mit seinem breiten Horizont versteht er wie kein anderer, Bibel und Archäologie in Beziehung zu setzen.

10

Mit **Yohanan Aharoni** (1919–1976) übernimmt eine neue Generation israelischer Archäolog(inn)en die Führung in der Palästinaarchäologie. Er unternimmt ausgedehnte Surveys und stellt Grabungen in den Kontext der historischen Geographie.

11

Die Grabungen von **Yigael Yadin** (1917–1984) erfolgen in engem Zusammenhang mit militärischen Aktionen und der dramatischen Geschichte des jungen Staates Israel. Er macht die Archäologie zum nationalen Mythos.

12

Benjamin Mazar (1906–1995) gräbt ebenfalls mit nationalem Interesse in der 1967 von Israel eroberten Altstadt von Jerusalem und verwandelt die geschichtsträchtige Stadt in einen archäologischen Park.

13

Israel Finkelstein (*1949) versteht Archäologie als eine interdisziplinäre Wissenschaft. Seine Grabungen (u.a. Schilo, Megiddo), Surveys und Forschungen tragen Entscheidendes zu einer differenzierteren Chronologie und zur Siedlungsgeschichte des Landes im 2. und 1. Jahrtausend bei (➛K-16/17).

Klima und Landschaft

»Und JHWH wird machen, dass du Überfluss an Gutem haben wirst, an Frucht deines Leibes, an Jungtieren deines Viehs, an Ertrag deines Ackers, in dem Lande, das JHWH deinen Vätern geschworen hat, dir zu geben. Und JHWH wird dir seinen guten Schatz auftun, den Himmel, dass er deinem Land Regen gebe zur rechten Zeit und dass er segne alle Werke deiner Hände.« (Dtn 28,11f)

Die klimatischen Rhythmen der Levante werden bestimmt durch die jährlichen Winterregen. Ihre stark schwankende Intensität und Verteilung bestimmt den Ertrag des Landes. In Kombination mit einer extrem gegliederten Landschaft von 3000 m ü.M. (Libanon) bis 400 m u.M. (Totes Meer) entstanden auf engstem Raum unterschiedlichste Lebensräume für Flora und Fauna. Diese wurden seit dem Altertum durch Abholzung, seit der zionistischen Besiedlung auch durch Entsumpfungen, Bewässerungen und Wasserumleitungen massiv verändert. Zur Zeit Davids war das Jordantal ein Dschungel, das Bergland stark bewaldet und die mittlere Küstenebene versumpft. Heute wird die Küstenebene mit Jordanwasser intensiv bewirtschaftet, während das dürftige Restwasser des Jordans durch eine Wüste fließt, das Tote Meer austrocknet und das Quellwasser aus dem verkarsteten Bergland in Riesenstädten nach westlichem Muster verschwendet wird.

Die Mittelmeerküste bei Cäsarea

Die Küste des Mittelmeeres, das in der Bibel einfach »Meer«, aber auch »Hinteres« (= westliches) oder »Großes Meer« (im Vergleich zum Toten Meer) heißt, ist in Palästina fast schnurgerade und meistens sandig. JHWH hat dem Meer damit eine Grenze gesetzt (Jer 5,22), welche von der alten Chaosmacht »Meer«, worin Ungeheuer hausen (Ps 104,25f; Jes 27,1; Am 9,3), nicht mehr überschritten werden darf. Dünen und Sümpfe mit Krokodilen und Flusspferden verhinderten vielerorts die Besiedlung der Küstenebene. Am dichtesten besiedelt war der südlichste Küstenabschnitt, der von der Bibel »Philisterland« genannt wird. Die Küstenebene zwischen Jafo und Dor heißt Scharon (»Flachland«) und war berühmt für ihre üppige Flora (Hld 2,1).

14

Das judäische Bergland bei Karmel

Das judäische und efraimitische Berg- und Hügelland steigt bis rund 1000 m ü.M. an, bildet die Wasserscheide zwischen Mittelmeer und Totem Meer und kann von Westen nach Osten in die Schefela (➛128), den Bergrücken und die Wüste unterteilt werden. Schefela und Bergrücken waren früher dicht bewaldet. Heute tritt fast überall das Kalk- und Kreidegestein zutage. Obwohl es nur an wenigen Tagen regnet, fällt hier im Jahresdurchschnitt ebensoviel Regen wie in London (ca. 550 mm/Jahr). Das Regenwasser löst das im Gestein gebundene Kalziumkarbonat aus. Die verbleibenden Metalle und Silikate bilden fruchtbare, rotbraune Terra rossa. Erde wird in der Bibel daher *adamah*, »die Rötliche«, genannt und der daraus gebildete »Erdling« *adam* (Gen 2,7).

15

Das Tote Meer

Cis- und Transjordanien werden durch den nördlichen Ausläufer des ostafrikanischen Grabenbruches getrennt. Durch diese bedeutende Bruchlinie zwischen zwei tektonischen Platten fließt stark mäandrierend der Jordan, bis er 400 m u.M. das Tote Meer, in der Bibel auch »Salzmeer« genannt, und damit den tiefsten Punkt der Erdoberfläche erreicht. Das zufließende Jordanwasser verdunstet hier, und zurück bleibt eine fast gesättigte Salzlösung. Bei Erdbewegungen steigt aus Spalten Asphalt auf, der wie das Salz abgebaut und exportiert wurde (Jes 34,9; Ez 47,11). Am Fuß der Gebirge zu beiden Seiten entspringen Quellen, die im subtropischen Klima des Grabens mit seinen fruchtbaren Böden früheste menschliche Siedlungen wie Jericho begünstigten.

16

Das Nachal Zin im nördlichen Negev

Der Negev (»Trockenland«) ist eine an Naturwundern reiche Steppen- und Wüstenlandschaft zwischen Palästina und der Sinaihalbinsel. Der nordwestliche Teil mit Sand- und Lößböden wird in den Nachal Besor entwässert. In regenreichen Jahren verwandelt sich die karge Landschaft in eine Kornkammer. In den östlichen Bergen haben die unberechenbaren Bäche des Negev (Ps 126,4) außergewöhnliche Landschaften wie die »Mörser« geschaffen. Der südlichste Teil mündet in eine Hochfläche, die vom weitverzweigten Nachal Paran entwässert wird.

17

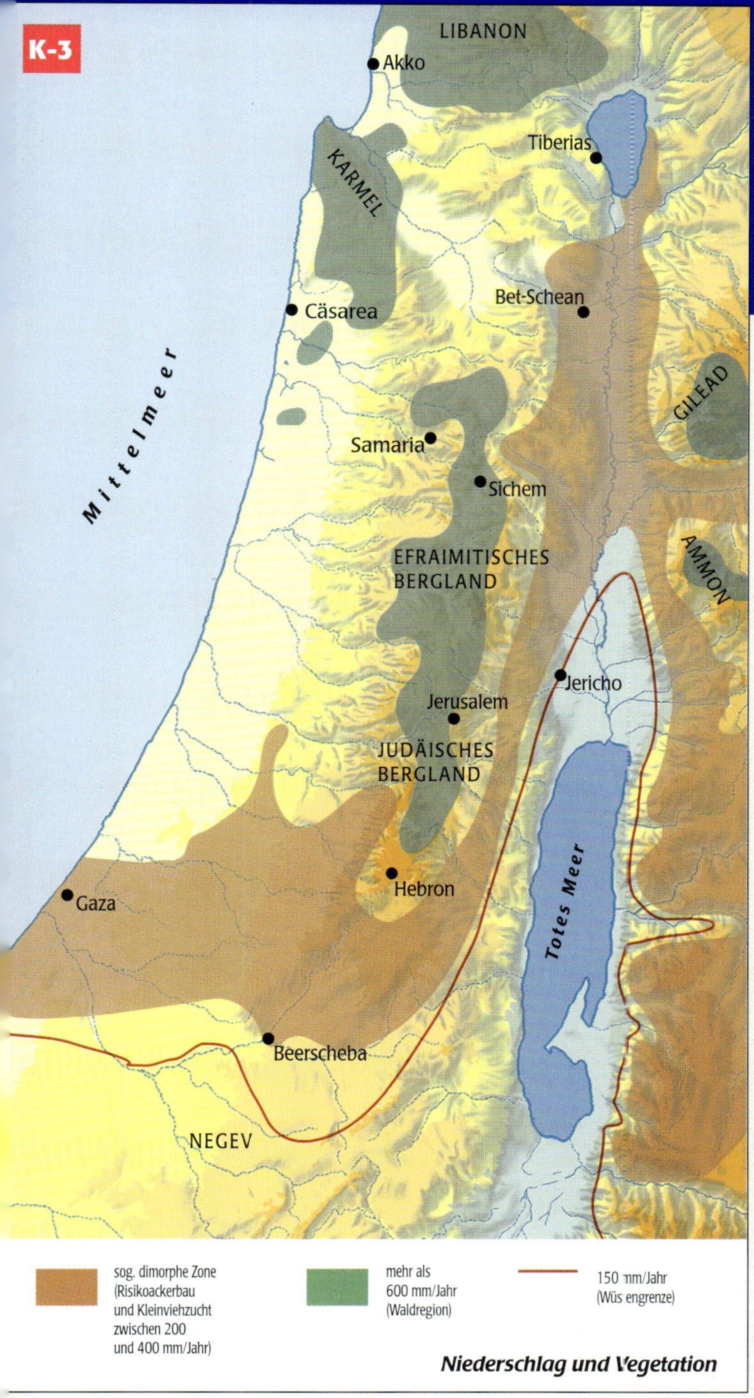

Niederschlag und Vegetation

18

Altsyrisches Rollsiegel mit Wettergott und Erdgöttin

Die Ankunft des Winterregens nach langer Dürre wird als mythologisches Drama dargestellt. Die auf dem Stier stehende, sich entschleiernde Göttin symbolisiert die Erde, die in den trockenen Sommermonaten allmählich ihr Vegetationskleid verliert, bis sie nackt auf den Winterregen wartet.

Dieser kommt mit Blitz und Donner über das Küstengebirge. Er wird durch einen stark bewaffneten Mann mit Hut und Locken personifiziert, der über die Berge der ihn empfangenden Göttin entgegenschreitet (➛27).

Palästinisches Stempelsiegel mit Zweiggöttin

Die Fruchtbarkeits- oder Erdgöttin – hier flankiert von Zweigen, mit betonter Scham, die Brüste präsentierend (➛53) – wurde als Segenskraft in ganz Palästina verehrt; besonders mächtige Bäume (Hos 4,13), aber auch kunstvoll geschnitzte Kultpfähle (2Kön 21,7), die sog. »Ascheren«, galten als Orte, an denen sie anwesend war. Die sogar auf dem kleinen Siegel deutlich eingeritzten Ohren kennzeichnen sie als eine erhörende Göttin, die den Bitten der Menschen ihr freundliches Antlitz zuwendet. Obwohl ihr Kult im Rahmen staatlicher Reformen oder durch JHWH-Propheten bekämpft und verfolgt wurde, lebten ihre Symbole wie der Baum (Hld 8,5; Sir 24), die Gazellen (Hld 2,7; 8,4) oder die Tauben (Hld 4,1; Mk 1,10) besonders in der Liebesdichtung und in der Rede vom Geist oder der Weisheit Gottes auch im monotheistischen JHWH-Glauben fort.

19

20

Du (JHWH) hast dich angenommen der Erde
und lässt sie überströmen,
du machst sie überreich.
Der Gotteskanal ist voll Wasser.
Du bereitest ihr Getreide,
ja, so bereitest du sie,
ihre Furchen tränkend,
ebnend ihre Schollen,
mit Regenschauern weichst du sie auf,
ihr Gewächs segnest du. (…)
Es kleiden sich die Weiden mit Herden,
die Täler hüllen sich in Korn,
sie jubeln sich zu, ja sie singen.
(aus Ps 65)

Eine Wohltat ist für die Erde der Regen des Baal
und für das Feld der Regen des Höchsten.
Eine Wohltat ist es für den Weizen in der Quelle.
Bei der Feldbestellung ist es wie Duft,
auf der Anhöhe wie ein Parfüm.
Es heben die Feldarbeiter das Haupt,
in die Luft das Haupt die Kornbauern.
(aus dem ugaritischen Keret-Epos;
14. Jh. v.Chr.)

Die Wettergötter Baal und JHWH als Spender des Regensegens

Die Bibel spielt JHWH und Baal als grundverschiedene Gottheiten, ja als Gott und Götze gegeneinander aus (1Kön 18); dahinter verbirgt sich ein wirtschaftlicher, politischer und ideologischer Kampf zwischen zwei Bevölkerungsgruppen in Israel (➛93–95). Die beiden hier zum Vergleich nebeneinandergestellten Texte unterstreichen dagegen die Gemeinsamkeiten der beiden Gottheiten. Ursprünglich sind »JHWH« und »Baal« zwei unterschiedliche Namen für ein und dieselbe Wettergottheit, die andernorts im Mittelmeerraum Hadad, Teschub, Zeus oder Jupiter hieß.

Handel, Heere und Verkehrswege

»So spricht Gott JHWH: Das ist Jerusalem, das ich mitten unter die Völker gesetzt habe und unter die Länder ringsumher!« (Ez 5,5) »Siehe, das Volk wird abgesondert wohnen und sich nicht zu den Völkern rechnen.« (Num 23,9b)

Die Levante, also die Region des östlichen Mittelmeeres, liegt im Schnittpunkt dreier Kontinente. Hier kreuzen sich die großen Handelsverbindungen der Alten Welt (K-4) und liegen die Mutterstädte der kanaanäischen und phönizischen Handelsimperien (➤K-14 und K-22). In dieser Zone werden aber auch immer wieder die Interessenkonflikte von Großmächten kriegerisch ausgetragen.

In überraschender Regelmäßigkeit lösen sich Nord-Süd- und West-Ost-Konflikte ab (K-5 bis K-10). Nur selten, nämlich in der sog. Hyksoszeit (1750–1550 v. Chr.; K-14; ➤45f) und unter den Omaijaden (661–750 n.Chr.), bildet die Levante das politische Machtzentrum des mediterranen Wirtschaftsraumes. Ansonsten gilt insbesondere für ihre ländliche Bevölkerung, was die Propheten treffend für Israel konstatiert haben: ein Volk, mitten unter die Völker gesetzt, und dennoch für sich allein.

Die wichtigsten Handelsverbindungen

In der Levante kreuzen sich wichtige Handelsverbindungen zu See und zu Lande.

Die **Küstenstraße** verbindet die ägyptischen Städte des Deltas mit Gaza (➤Weihrauchstraße), Tyrus (➤Meeresstraße) und den phönizischen Metropolen weiter im Norden. Sie wird jahrhundertelang von den Ägyptern kontrolliert.

Die Meeresstraße (Jes 8,23) verbindet die philistäischen Städte am Meer via Megiddo mit Damaskus und dem syrischen Binnenland.

Die **Königsstraße** (Num 20,17; 21,22; vgl. Gen 14) verbindet in Transjordanien die Städte Bozra und Petra (➤Weihrauchstraße) mit Damaskus (➤Meeresstraße).

Die **Zeltbewohnerstraße** (Ri 8,11) verbindet östlich und parallel zur Königsstraße die Siedlungsgebiete von Edom (K-19), Moab und Ammon (K-20) und Aram (K-21).

Die **Weihrauchstraße**, benannt nach ihrem lukrativsten Handelsgut, verbindet Saba im Jemen über Nadschran und Jatrib (Medina) mit Petra (➤Königsstraße) und Gaza (➤Küstenstraße). Für die 3500 km lange Strecke brauchte eine Karawane 70 bis 90 Tage.

Seewege: Intensive Handelsbeziehungen bestanden von der Levante und Ägypten aus nach Alaschija (Zypern) und Kaftor (Kreta). Besonders schwere Güter wie Zedernholz und Kupferbarren wurden nicht auf der Meeresstraße, sondern auf dem Seeweg an der Küste entlang nach Ägypten transportiert. Als lukrativ galt auch der Seehandel im Roten Meer, über den exotische Produkte aus Indien und Ostafrika in den Vorderen Orient gelangten.

K-4

21

Länder im Horizont Israels

Der Machtbereich Israels und Judas hielt sich in engen Grenzen und beschränkte sich die meiste Zeit auf den Bergrücken westlich des Jordans. Dennoch entwerfen einige Texte im Ersten Testament das Bild eines Reiches, das vom Bach Ägyptens (K-25) bis zum Eufrat reicht (Gen 15,18; 1Kön 5,1). Realistischer sind wohl die Angaben, das Gebiet Israels reiche »von Dan bis Beerscheba« (2Sam 3,10), und die Grenzverzeichnisse in Num 34 und Jos 13,2-5. Die Weisen Israels haben ein erstaunliches Bewusstsein für die Vielfalt der Völker und einen weiten Horizont entwickelt. Im Gegensatz zu den Ägyptern oder Griechen haben sie Nachbarn und weiter weg wohnende Völker nicht nur als verfluchenswerte Feinde oder sittenlose Barbaren, sondern auch als mehr oder weniger entfernte Verwandte des eigenen Volkes betrachtet (Gen 10). Ein fernes Echo findet diese Sichtweise in der pfingstlichen Freude an der (Sprachen-)Vielfalt der Völker (Apg 2,9-11).

K-5

N-S Zur Zeit des ägyptischen Neuen Reiches (1540–1070 v.Chr.) verteidigt Ägypten seine stetig schwindende Hegemonie (K-15) in der Levante zunächst gegen Mitanni, später gegen Hatti und schließlich gegen die Seevölker (➛82). 1274 v.Chr. findet bei Kadesch am Orontes die berühmte Schlacht zwischen der ägyptischen Armee unter Ramses II. und dem hetitischen Heer unter Hattuschili III. statt, die den ersten internationalen Friedensvertrag der Geschichte nach sich zieht (➛61).

K-6

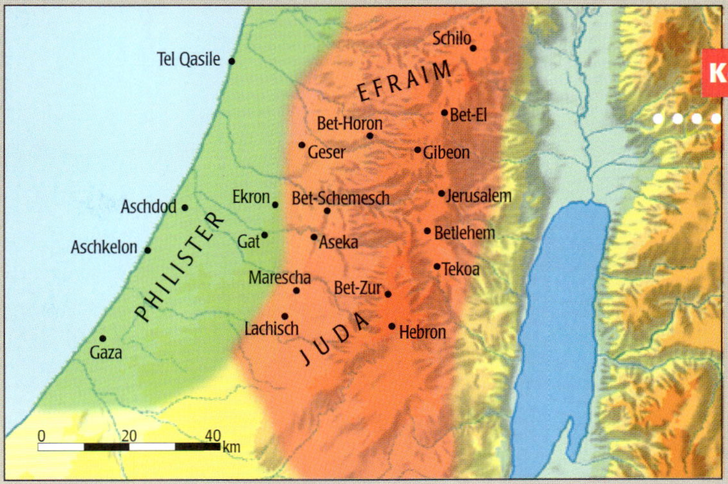

W-O Mit der schwindenden Macht der Ägypter, der Besiedlung der Küste durch Seevölker aus der Ägäis und des Binnenlandes durch einheimische Nomaden, Landlose und zugewanderte Aramäer entsteht eine Spannung zwischen Philistern, einem Städtebund an der Küste (K-18), und Israeliten, einem Stämmebund im Landesinnern (K-23). Ab dem 10. Jh. v.Chr. gelingt es den Israeliten, sich von der philistäischen Vorherrschaft zu befreien und zwei eigene Staaten – Israel (K-26) und Juda (K-28) – aufzubauen.

K-7

N-S Mit massiver militärischer Gewalt expandiert ab dem 9. Jh. v.Chr. Assur, ein Stadtstaat am Tigris (K-27), auch in Richtung Mittelmeer. Teilweise im Bund mit Ägypten, versuchen die levantinischen Kleinstaaten dem »Feind aus dem Norden« (Jer 1,13f) zu widerstehen (Schlacht bei Karkar 853 v.Chr.), was aber nur vorübergehend gelingt. Nacheinander werden Damaskus, Gaza und Samaria assyrisch. Die Neubabylonier beerben das Assyrerreich und nehmen 587 v.Chr. auch Jerusalem ein (➛123).

K-8

W-O Die Perser treten 539 v.Chr. die Nachfolge der Babylonier an und erobern 525 auch Ägypten. Sie siegen bei Marathon (490 v.Chr.) über die Griechen, unterliegen aber in der Seeschlacht bei Salamis (450 v.Chr.). Alexander d. Gr. siegt am Granikos (334 v.Chr.) über die kleinasiatischen Satrapen und bei Issos (333 v.Chr.) über den Perserkönig Darius III. Er erobert Tyrus und Gaza in der Satrapie Abar Nahara (K-31), wird in Ägypten zum Pharao gekrönt und vom Orakel Amuns in Siwa (Libyen) zum Weltherrscher erklärt.

K-9

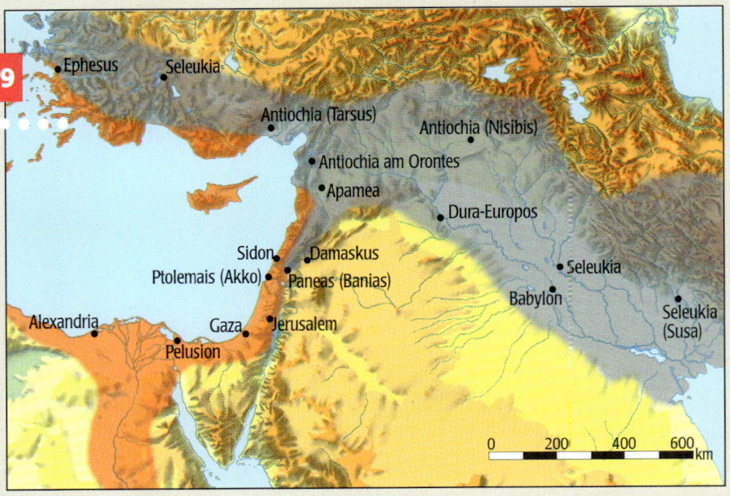

N-S Das Riesenreich Alexanders zerfällt nach dessen frühem Tod in die Herrschaftsgebiete seiner Feldherren (Diadochenreiche). In sechs Kriegen zwischen 274 und 168 v.Chr. (➛164) ringen die syrischen Seleukiden Palästina den ägyptischen Ptolemäern ab. Bei Damaskus, Beirut, Amman, Rafia/Gaza und Banias kommt es zu historischen Schlachten zwischen den beiden Mächten, die auch in Jerusalem durch zwei Parteien repräsentiert werden.

K-10

W-O Es ist der Aufstieg der Supermacht Rom, der die Kämpfe unter den Diadochen im Interesse des römischen Imperiums allmählich neutralisiert. Rom beherrscht ab 64 v.Chr. die ganze Levante (K-36; ➛40), seine Macht verläuft sich aber im Sand der syrisch-arabischen Wüsten. Östlich davon erheben sich nacheinander Parther, Sassaniden und Araber. Unter letzteren stehen Syrien/Palästina für kurze Zeit im Zentrum des omaijadischen Weltreiches.

Bauern

»Abel wurde Schafhirt und Kain Ackerbauer.« (Gen 4,2)

Das Bauerntum entwickelte sich in Vorderasien an geeigneten Orten sehr früh aus der Lebensweise der Jäger und Sammler. Ab der Frühbronzezeit (3200–2200 v. Chr.) ist es die vorherrschende, differenzierte Wirtschaftsweise. Kleinste ökologische Nischen werden optimal genutzt. Das Erfahrungswissen jeder Generation wird sorgfältig und eifersüchtig der nächsten anvertraut. Die Landwirtschaft ruht auf zwei Standbeinen: dem Feld- und Obstbau und der Viehzucht. Die Kleinviehhirten ziehen im Zyklus der Jahreszeiten mit ihren Herden von Weide zu Weide (Transhumanz). Die Herden dienen in regenarmen Jahren als Schlechtwetterversicherung.

22

Kleinviehherde mit Hirte, Hirtenjunge auf einem Esel und Hund bei Zeraqun (Jordanien)

Die Viehzucht ist weniger arbeitsintensiv als der Ackerbau und gilt deshalb als vornehmer. Herdenbesitz war und ist im Vorderen Orient ein Statussymbol. Die kostbarsten Opfergaben, die im Kult dargebracht wurden, stammten aus der Viehherde. Die eigentliche Hirtentätigkeit wurde von jungen Männern und Frauen ausgeübt. Nichtsdestoweniger schmückten sich altorientalische Herrscher und in ihrem Gefolge christliche Bischöfe gerne mit dem Titel »Hirt«. Mose und David werden nach biblischer Überlieferung von der Herde weg in ihre hohen Stellungen berufen (vgl. Ex 3; 1Sam 17).

23

Rekonstruktion eines Ringdorfes der frühen Eisenzeit (1250–1000 v.Chr.) mit den charakteristischen Vierraumhäusern

Die Außenmauern der aneinander gebauten Häuser bilden eine Schutzmauer. Der dadurch entstandene geschützte Platz kann das Vieh, aber auch die Silos für die Ernteerträge aufnehmen. Die Vierraumhäuser mit ihren teilweise pfeilergestützten Dächern und dem kleinen Innenhof bieten offene, halboffene und geschlossene Räume für Mensch und Tier. Auf den Dächern werden Flachs, Hülsenfrüchte oder Obst zum Trocknen ausgelegt. Solche Kleinsiedlungen sind typisch für die »Landnahmezeit« (→K-17).

24

Getreideernte, detailfreudig dargestellt im Grab des Ägypters Menna (um 1400 v.Chr.) in Theben

Kulturgetreidesorten wurden schon im Neolithikum (10 000–5000 v.Chr.) gezüchtet. Die Gersten- und Weizenernte bilden die Höhepunkte des bäuerlichen Jahres in Palästina. Die Erntearbeiten finden unter der Oberaufsicht des Feldeigentümers in der schattigen Hütte und unter den Anweisungen von Vorarbeitern statt. Die Halme werden relativ weit oben mit Sicheln abgeschnitten und in großen Körben zum Dreschplatz getragen. Das Mahlen von Getreide ist die wichtigste und anstrengendste Tätigkeit der israelitischen Hausfrau. Brot ist das Grundnahrungsmittel. Mehl- und Brotopfer werden auch von armen Leuten dargebracht (vgl. Lev 2).

Eine der ältesten Hirtenszenen (um 2300 v.Chr.)

auf einer Rollsiegelabrollung auf einem Vorratsgefäß aus Zeraqun (Jordanien). Ein Hirte mit Stab oder Lanze beschützt eine Kuh mit säugendem Kalb und einen Ziegenbock. Das Motiv der Kuh mit säugendem Kalb findet sich in der vorderasiatischen Bildkunst noch Jahrhunderte später als Fruchtbarkeits- und Segenssymbol (➛76).

Abrollung eines neuassyrischen Rollsiegels (9. Jh. v.Chr.)

Der Traktor des antiken Bauern ist der Stier. Wegen seiner zentralen Bedeutung für den bäuerlichen Wohlstand ist der Stier seit der Frühbronzezeit ein beliebtes Objekt der Kleinkunst, meist mit betonten Hörnern und Genitalien dargestellt. Dieses Siegel zeigt über einer Pflügeszene den Wettergott mit drei Ähren in der Hand vor seinem Attribut-Tier, dem Stier. Er wird von der Erdgöttin mit dem Tamburin empfangen. Die Taube fliegt als Botin ihrer Liebe und Empfängnisbereitschaft auf den Wettergott zu (➛18).

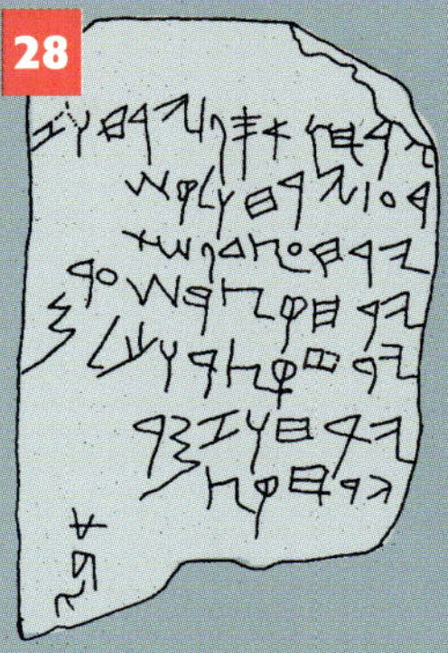

Kleine Kalksteintafel von Geser (10. Jh. v.Chr.) mit einem Bauernkalender als Schreibübung:

»Zwei Monate des Einbringens (Okt./Nov.) **Zwei Monate der Saat** (Dez./Jan.) **Ein Monat Spätsaat** (Februar). **Ein Monat Flachsschnitt** (März). **Ein Monat Gerstenschnitt** (April). **Ein Monat des Schnittes und Messens** (Mai). **Zwei Monate der Weinlese** (Juni/Juli). **Ein Monat der Sommerfrucht** (August).«

Der älteste Kalender in der Bibel (Ex 34,18-26) nennt drei tief in der bäuerlichen Arbeitswelt verwurzelte Feste: Das Mazzenfest im Ährenmonat (z.Z. der Gerstenernte), das Fest der Erstlinge der Weizenernte und das des Einsammelns zur Jahreswende.

Landschaft nördlich von Ramallah (Palästina)

Seit der Bronzezeit ist in Palästina der arbeitsintensive Terrassenbau bekannt. Diese in den Bergen Judas weit verbreitete Kulturform hat die Landschaft durch die Jahrhunderte hindurch geprägt.

Ölbaum, Feigenbaum und Weinrebe (➛30) bilden die klassische palästinische Trias der hier liebevoll gepflegten Pflanzen.
Vergeblich werden sie in der Jotamfabel zum Königtum aufgefordert, wofür sie ihren Nutzen für die Menschen aufgeben müssten (Ri 9,8-15).

Quadratisches Doppelsiegel der Hyksoszeit (1750–1550 v.Chr.)

Das Transport- und Reittier (➛41) der bäuerlichen Gesellschaft, und damit ein Statussymbol, ist der Esel. Vornehme Männer und Frauen reiten auf besonders feinen Zuchttieren (vgl. Ri 5,10; 10,4; 12,14; 1Sam 25,42; 2Sam 16,2). In militarisierten Stadtgesellschaften wird dem Esel später das leichter dressierbare Pferd vorgezogen. Deshalb wurde der Esel zum Friedenssymbol (vgl. Sach 9,9-10).

Rebbauer im Dschebel al-Druz (Syrien)

bei winterlichen Schneidearbeiten an den Rebstöcken, die auf dem steinigen, wärmenden Boden liegen. Der arbeitsintensive Weinberg ist Luxus und Stolz der Bauerngesellschaft. In der Bibel wird Israel oft mit einem Weinberg verglichen, für den JHWH viel Zeit und Liebe aufgewendet hat, sich auf reiche und süße Frucht freuend (z.B. Jes 5,1-7; Ps 80,9-19; Ez 15,1-8).

Städter

»Und Kain erkannte sein Weib; die ward schwanger und gebar den Henoch. Und er baute eine Stadt, die nannte er nach seines Sohnes Namen Henoch.« (Gen 4,17)

Die Stadtkultur erlebt in Palästina ihre größte Blütezeit in der ersten Hälfte des 2. Jt. v.Chr. Stadt und Staat und mit ihnen der Dienstleistungssektor setzen im Orient die Rinderzucht und die Erfindungen des Pflugs, des Silos und des Wasserreservoirs voraus.

Die Städte wurden als Residenz einer Gottheit betrachtet, deren Sachwalter der König war. Ihr bzw. der in der Stadt lebenden Oberschicht gehörte das Land, das von Pächtern, Tagelöhnerinnen und Sklaven, die nicht in der Stadt lebten, bearbeitet wurde. Den durch diesen theokratisch verfassten Rentenkapitalismus abgeschöpften Mehrwert legten die Städter in Söldnertruppen sowie Prestige- und Wehrbauten (Tempel, Paläste, Wasseranlagen, Tore, Stadtmauern) an und investierten in den Fernhandel mit Luxusgütern.

So wurde die Stadt zur festen Burg, zu einer heiligen Macht, die die Pilger anzog (Ps 122), aber auch Furcht und Schrecken verbreiten konnte (Num 13,28).

31

Altstadt von Damaskus

Die von arabischen Dichtern als Paradies gepriesene Oasenstadt Damaskus an den Ufern des Barada am Fuß des Antilibanon zählt zu den ältesten kontinuierlich besiedelten Städten der Menschheit. Wasserversorgung, strategisch günstige Lage und Anschluss an eine Handelsstraße – die drei wichtigsten Voraussetzungen für eine dauerhafte Stadtgründung – sind in ihrem Fall in optimaler Weise gegeben. Kontinuität und Wandel der Stadt spiegeln sich in ihrem heiligen Zentrum, dem Tempel. Der einstige Tempel des aramäischen Wettergottes Hadad wurde in einen römischen Jupitertempel verwandelt, dieser durch eine Johanneskirche ersetzt, die unter den Omaijaden zu einer prächtigen Moschee erweitert wurde.

32

Das Tor von Betsaida (et-Tell) im 8. Jh. v.Chr

Rechts vom Tor befand sich eine kleine Kulthöhe mit einer Stele (‣92), vor der Räuchertassen aufgestellt und Trankopfer ausgeschüttet wurden, daneben Sitzbänke und weitere Stelen. Zentrum des öffentlichen Lebens jeder altorientalischen Stadt war der Platz vor dem Tor. Hier fanden Versammlungen statt (Neh 8,1), wurde gespielt und getanzt (Klgl 5,14f), wurden Gäste empfangen (Ri 19, 15-20), Lebensweisheiten weitergegeben (Ijob 29,7f; Spr 1,20f), wurde gehandelt (2Kön 7,1) und vor allem verhandelt. Das Tor war der Ort, wo Recht gesprochen wurde (Rut 4; Am 5,10-15).

Lachischreliefs

Kriege bestanden im Alten Orient in erster Linie aus Stadteroberungen. Sanherib zerstörte auf seinem Palästinafeldzug von 701 v.Chr. viele judäische Städte. Aus ungeklärten Gründen brach er die Belagerung der Stadt Jerusalem vorzeitig ab und gab sich mit einem Tribut zufrieden (Jes 36f; 2Kön 18,13 – 19,37; 2Chr 32,1-23). In seinem Palast zu Ninive ließ er hingegen die Eroberung der Stadt Lachisch (‣128) auf eindrücklichen Reliefs darstellen. Die stark schematisierte Darstellung in fünf Bildern liest sich wie ein Comic von links nach rechts: **1.** (nicht abgebildet) Die assyrische Armee rückt in Reihen geordnet heran. **2.** Die Schlacht ist in vollem Gang; mit Panzerwagen und schweren Schilden ausgerüstet, erklimmt die Sturmtruppe im Stein- und Pfeilhagel der Verteidiger die steilen Schanzen der Stadt. **3.** Das Zeremonialinventar der Stadt wird abgeführt, die Zivilbevölkerung deportiert, Rebellen hingerichtet. **4.** Sanherib, vor seinem Feldherrenzelt thronend, in quasi göttlicher Position, empfängt die Meldung von der eroberten Stadt und die Huldigung der Gefangenen. **5.** (nicht abgebildet) Das assyrische Feldlager mit Mauer, Zelten, Kultinventar und königlichem Tross.

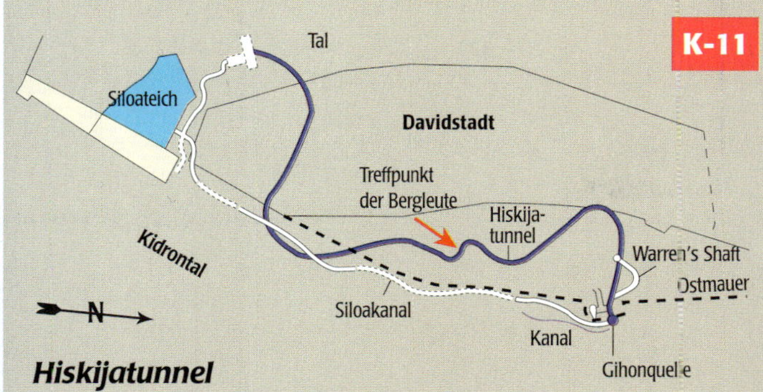

Hiskijatunnel

Die Verhältnisse in Jerusalem sind nicht so optimal wie in Damaskus. Der Stadthügel wird vom Ölberg überragt, die größten Handelsstraßen liegen weit ab von Jerusalem, und der Gihon ist im Vergleich zum Barada ein Rinnsal. Unter König Hiskija (728–699 v.Chr.; 2Kön 20,20) wurde das kostbare Quellwasser durch einen 700 m langen Tunnel unterirdisch hinter die Stadtmauern geleitet, um die Wasserversorgung der Stadt in Kriegszeiten sicherzustellen und den Zugang aus der Oberstadt zu erleichtern. Das sehenswerte technische Meisterwerk ist bis heute erhalten geblieben.

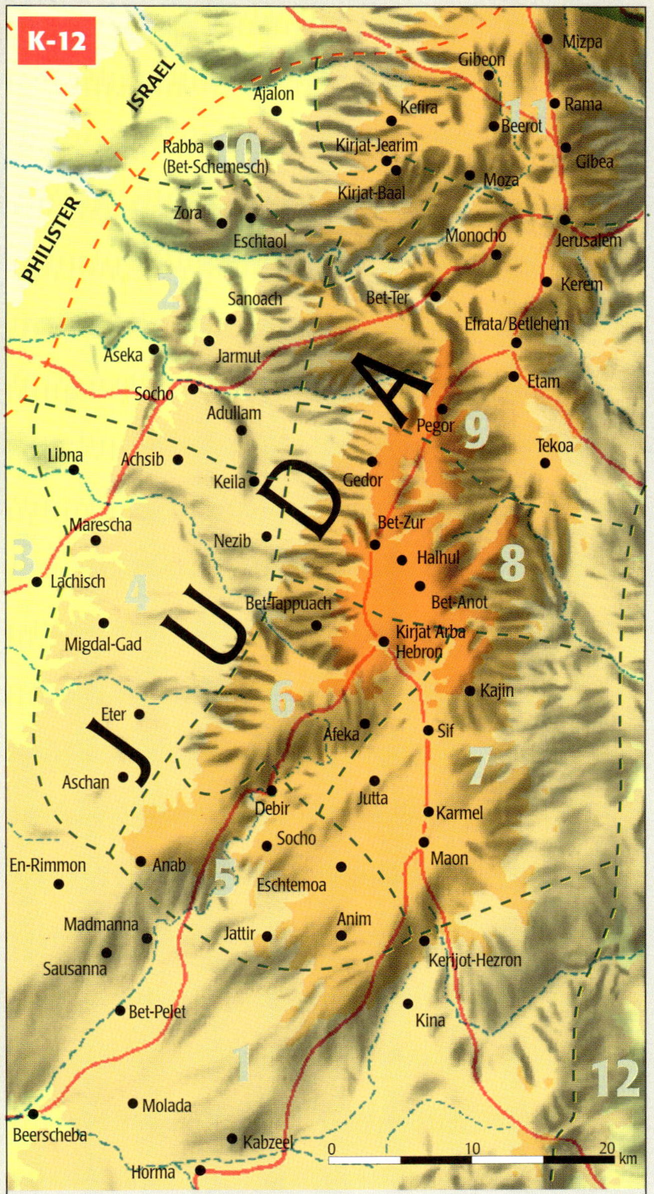

Befestigte Siedlungen in Juda und Benjamin (nach Jos 15,21-62; 18,25-28)
Die nach Angaben aus dem Josuabuch gezeichnete Karte spiegelt wahrscheinlich Siedlungsverhältnisse z.Z. des Königs Jehoschaphat (um 860 v.Chr.; vgl. 2Chr 17,12; 21,3)

1-12 Bezirke (analog zu den zwölf Stämmen Israels)

Die Stadtgöttin (Tyche) von Gaza auf einer Münze Hadrians (117–138 n.Chr.)

Wie in Griechenland wurden Städte auch im Orient weiblich personifiziert. Die bergende Heimatstadt wurde als Mutter bezeichnet (2Sam 20,18f), eine besonders blühende Stadt als junge Frau oder Tochter (Jes 62,11f), die in Bündnisse verstrickte, korrupte Stadt als Hure (Ez 16), die extrem ausbeuterische als Mörderin (Mt 23,37), die zerstörte und verlassene Stadt als Witwe (Klgl 1,1), die verachtete als Menstruierende (Klgl 1,17).

34

Bauinschrift des Pitgaiah-Tempels von Ekron:

»Das Heiligtum, das Ikausu erbaute, Sohn des Padi, Sohn des Jasod, Sohn des Ada, Sohn des Jaïr, König von Ekron, für Pitgaiah, seine Herrin. Möge sie ihn segnen und ihn schützen und seine Tage verlängern und sein Land segnen.«

Ikausu und Pitgaiah sind griechische Namen. Sie erinnern an die Herkunft der philistäischen Bevölkerung aus dem nordöstlichen Mittelmeerraum. Der Tempel war der innerste Kern einer Stadt. Der darin verehrten Gottheit gehörte die Stadt. Ihr wurde der Staatsschatz anvertraut, sie garantierte den Segen der Stadt, in ihrem Namen orakelten die Propheten, ihr diente die Priesterschaft, welche die Opfergaben des Volkes entgegennahm. Kurz: Hier verdichtete sich das Leben der altorientalischen Stadtgesellschaft in symbolischer Weise.

35

② ③ ④

Nomaden

»Lamech aber nahm zwei Frauen, eine hieß Ada, die andere Zilla. Und Ada gebar Jabal; von dem sind hergekommen, die in Zelten wohnen und Vieh halten. Und sein Bruder hieß Jubal; von dem sind hergekommen alle Zither- und Flötenspieler. Zilla aber gebar auch, nämlich den Tubal-Kain; von dem sind hergekommen alle Erz- und Eisenschmiede. Und die Schwester des Tubal-Kain war Naama.« (Gen 4,20-22)

Das Nomadentum ist eine relativ junge Nischenwirtschaft in den Randzonen der vorderasiatischen Steppen. Typisch nomadisch ist die Viehzucht, die gesellschaftliche Organisation in Stämmen und das Umherziehen. Letzteres haben Nomaden mit Musikanten und Schmieden gemein (vgl. Zitat und ▸39). Die Sippe Saras und ihrer Kinder vertritt den Typus des Lokalnomadentums. Sie stehen in engem Kontakt mit Sesshaften, mit welchen sie Verträge schließen und bei welchen sie in Hungerzeiten Zuflucht suchen. Die Sippe Hagars und ihrer Kinder vertritt den Typus der »eigentlichen« Nomaden oder Beduinen.

Ihre Lebensweise wird von den Israeliten als fremdartig empfunden. Sie nennen sie »Viehleute«, »Araber« (»Steppenbewohner«) oder »Söhne des Ostens«, schauen auf sie herab und bekriegen sie erbarmungslos (▸40).

Nomadenzelt zwischen Homs und Palmyra

Außenansicht (36) und Blick in den Männer- und Gästeteil (37). Lange Zelte aus Ziegenhaar (Hld 1,5; Jes 54,2) und Kamele als Reit- und Transporttiere gehören zum Image des orientalischen Nomadentums, das es etwa seit dem 6. Jh. v.Chr. gibt und das Beduinentum genannt wird. Das Zelt ist zweigeteilt in einen großen Männer- und Gästeteil und einen kleinen Frauen- und Kinderteil. Während Frauen und Kinder sich um die Vieh- und Geflügelhaltung kümmern, treiben die Männer mit ihren Kamelen Fernhandel. Orientreisende, Ethnologen, Religionswissenschaftler und Romantiker, aber auch der arabische Historiker Ibn Khaldun (1332–1406 n.Chr.) haben das Bild vom stolzen, freien, gesunden und urtümlichen Beduinenvolk der arabischen Wüsten geprägt. Die geschichtliche Realität, der die Bibel viel näher ist, sieht anders aus: Das Nomadentum ist entwicklungsgeschichtlich jünger als das Bauern- und Städtertum. Die von ihm bewirtschafteten unwirtlichen Gebiete wurden notgedrungen zu menschlichen Lebensräumen. Nomaden galten als Vertriebene (Gen 16), räuberisch (Ri 6,1f) und kulturfeindlich (Jes 27, 11; Zef 2,6). Erst dadurch, dass sie in ihrer Abgeschiedenheit altes Kulturgut bewahrten, erschienen sie späteren Generationen als ursprünglich (Jer 35).

36

37

Rekonstruktionsversuch eines eisenzeitlichen Zeltdorfes

Vor dem 6. Jh. v.Chr. leben die orientalischen Nomad(inn)en in Rundzelten, die sie zu dorfartigen Siedlungen (Num 32,41) zusammenstellen. Ziegenhaar- oder Lederplanen werden mit Seilen über ein Holzgerippe gespannt. Die Ziegen liefern Milchprodukte, Fleisch, Leder und Brennmaterial (Dung). Ihre Knochen fressen die Hunde (Slugi), die zu jedem Nomadenlager gehören.

38

40

Die Araberkämpfe auf Reliefs aus dem Palast Assurbanipals (668–627 v.Chr.)

in Ninive dokumentieren das brutale Vorgehen der assyrischen Armee gegen die Qedariter, Nabajot, Massa und Isamme. Im Gegensatz zu Stadteroberungen wird die Zivilbevölkerung dieser Stämme nicht verschont, sondern vergewaltigt und massakriert. Ähnlich erbarmungslos verhalten sich die Israeliten gegenüber ihren nomadischen Nachbarn (K-13), den Amalekiter(inn)en, Midianiter(inn)en und den Söhnen und Töchtern des Ostens (Num 29; 31; Ri 6-8; 2Chr 14,8-14).

44

Relief vom Bel-Tempel in Palmyra (1. Jh. n.Chr.)

Frauen und Gottheiten ritten auf dem Kamel in gedeckten Sänften. Die Darstellung der Kultgründungslegende des Tempels zeigt hinter einem führerlosen Esel, der den heiligen Ort gefunden hat, einen Kamelführer, der das Kamel mit dem Kultbild, Betyl (Kultstein) oder der Lade (vgl. Num 10,33-36) in einer solchen Sänfte leitet. Die verschleierten Frauen der palmyrenischen Handelsaristokratie wohnen der Prozession bei.
Männer mit segnend erhobener Hand repräsentieren wohl die (vergöttlichten) Erzväter der vier in Palmyra beheimateten Stämme (vgl. Hebron als »Stadt der Vier«), deren gemeinsames Heiligtum der Bel-Tempel war.

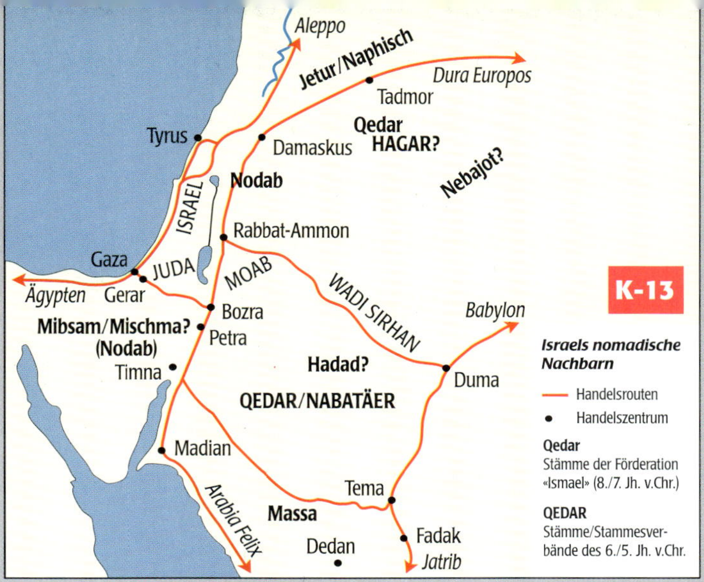

Sandsteinrelief von Serabit el-Chadem (Sinai; um 1800 v.Chr.)

mit einem Nomadenscheich als Reiseführer einer ägyptischen Türkisexpedition. Die frühen Lokalnomaden reiten wie die Bauern (▸22) auf Eseln. Die Tiere der Vornehmen werden von einem führenden und einem treibenden Diener begleitet (vgl. Gen 22,3; Num 22,22ff).

41

Südpalästinische Münze des (5./4. Jh. v.Chr.)

Um 1000 v.Chr. wird das Kamel als jüngstes Haustier des Vorderen Orients in größerem Umfang domestiziert. Aber erst die entsprechende Reittechnologie macht das der Wüste ideal angepasste Säugetier zu einem von Menschen nutzbaren Transport- und Reitvehikel. Die arabischen Stadtaristokraten von Gaza, die zur Perserzeit den Fernhandel kontrollieren und eigenes Geld prägen lassen, präsentieren sich selbstbewusst auf dem bis heute gebräuchlichen Schaddad-Sattel, aus dem man mit der Lanze kämpfen kann.

42

Römische Münze (58 v.Chr.)

Der Aedil M. Aemilius Scaurus lässt nach der Unterwerfung der Nabatäer Münzen prägen, die König Aretas III. kniend neben seinem Reitkamel zeigen. Deutlich ist der Schaddad-Sattel zu erkennen.

43

39

Das berühmte Bild aus dem Grab Chnumhoteps (um 1900 v.Chr.) in Beni Hasan zeigt Nomad(inn)en besonderer Art

Es handelt sich um Asiaten, die vom mittelägyptischen Fürsten angeheuert wurden, um Antimon für Augenschminke abzubauen. Die zusammengefalteten Blasbälge auf ihren Eseln kennzeichnen sie als Bergbaufachleute bzw. Schmiede; Waffen, Gazelle und Steinbock weisen sie als Jäger aus; der Leierspieler charakterisiert sie außerdem als Musiker (vgl. zu dieser Kombination das einleitende Bibelzitat!). Die buntgewirkten Kleider der Frauen verweisen darüber hinaus auf ein hochentwickeltes Weberinnenhandwerk. In Palästina entsprechen diesen umherziehenden Handwerker(inne)n die Keniter. Sie sind wichtige Verbündete der Israeliten (Ri 4) und eng mit den Ursprüngen des JHWH-Glaubens verbunden (Gen 4,15).

»Erzelternzeit«

Kanaans Blüte (1750–1550 v.Chr.)

»Es ist wirklich ein Land, von dem Milch und Honig fließen (...) Das Volk, das im Lande wohnt ist stark, und die Städte sind befestigt und sehr groß (...) die Amoriter wohnen im Gebirge, und die Kanaaniter wohnen am Meer.« (aus Num 13,27-29)

Die Blütezeit Kanaans zeigt sich in stark befestigten Städten mit Fürsten, die über kleine Stadtstaaten herrschten. Zur ländlichen, nomadisierenden Bevölkerung, von den Ägyptern »Schasu« genannt, pflegten sie einen freundlichen Kontakt (vgl. die Geschichten von Abraham, Sara und Abimelech Gen 20–21). Um 1700 v.Chr. dehnten die Fürsten der südlichsten Städte Kanaans ihre Herrschaft nach Ägypten aus, wo sie als Könige in der Deltastadt Avaris residierten.

Von den Ägyptern wurden sie als »Hyksos« (gr. Aussprache von äg. heqau chasut), »Herrscher der Fremdländer«, bezeichnet.

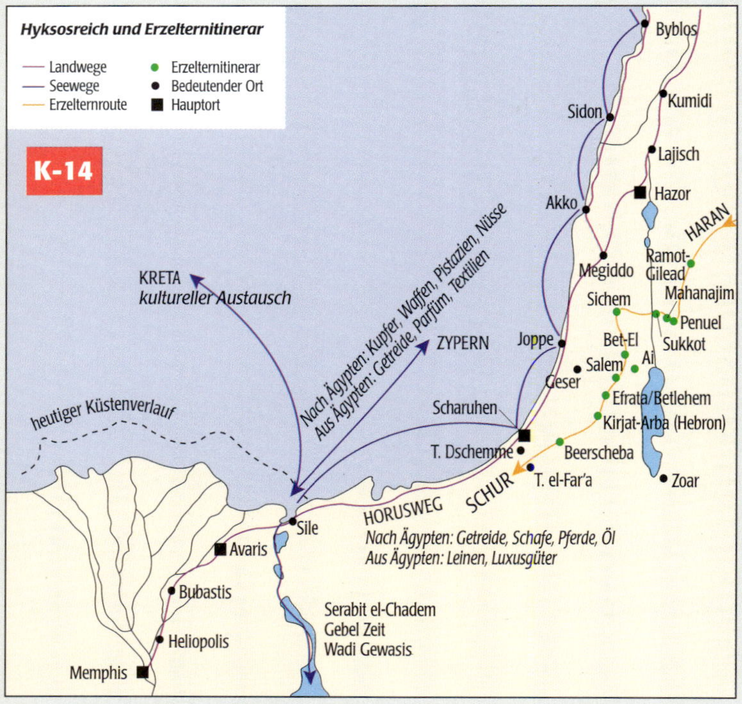

In ägyptischen Schreiberschulen wurde der Bericht eines Mannes namens **Sinuhe** überliefert, der Kanaan schon um 2000 v.Chr. bereist hat. Er charakterisiert Kanaan wie die Bibel als ein Land, das von Milch und Honig fließt:

»Es gab dort Feigen und Weintrauben. Es hatte mehr Wein als Wasser, besaß viel Honig und reichlich Öl. Allerlei Früchte waren auf seinen Bäumen, es gab Gerste und Emmer und allerlei Vieh ohne Zahl. (...) Man lieferte mir Brote als tägliche Kost und Wein als tägliches (Getränk), gekochtes Fleisch und Geflügel als Braten, abgesehen vom Wild der Wüste; man fing nämlich in Fallen für mich und legte es vor mich hin, nicht zu reden von dem, was meine Hunde einbrachten. Es wurden mir viele Süßigkeiten zubereitet, und Milch war in allem, was gekocht wurde.«

Hyksosskarabäus

Schon um 1800 wohnten in Avaris nebst Ägyptern auch viele asiatische Zuwanderer. Sie bauten Tempel im kanaanäischen Stil, bestatteten ihre Ahnen anders als die Einheimischen in eigens dafür errichteten Hausanbauten, und ihre Vornehmen ritten auf Eseln (vgl. Gen 22,3; Num 22, 22; Ri 5,10; 1Kön 1,38), die sie ebenfalls bestatteten.

46

51–60 Die im Mittleren Reich (2023–1787 v.Chr.) in Ägypten populär gewordenen ***Amulette in Form eines Mistkäfers (Skarabäus)*** erfreuten sich auch in Kanaan großer Beliebtheit. Die einheimischen Siegelschneider ritzten ihre eigenen Symbole in die Unterseiten der Glücksbringer, die man bei Ausgrabungen in großen Mengen fand. Dank der Skarabäen wissen wir heute mehr über die Religion der Kanaanäer(innen).

Ziegen oder Steinböcke mit Zweigen stellen eine uralte kanaanäische Bildtradition dar. Wildtiere (hebr. *chajjot*) in der oft dürren Landschaft Palästinas vergegenwärtigen das Leben (hebr. *chajjim*) schlechthin. Sie gehören wie die aus fruchtbarer Erde sprießenden Pflanzen zur Sphäre der Göttin. Noch in Hld 2,7 und 3,5 schwören die Liebenden bei den Gazellen und Hinden der Wildnis.

51

Der Löwe gehört in Kanaan auch zur Sphäre der Göttin, verkörpert jedoch ihre aggressive Seite. In diesem Sinne wird sie in akkadischen Texten häufig ***»Herrin der Steppe«*** genannt. Der Löwe kann aber auch wie in Ägypten als Schutzzeichen gegen alles Böse aufgefasst werden, wenn er mit Uräen (Speikobras) kombiniert wird.

52

Oftmals wird die Göttin menschengestaltig, nackt und fast immer in Kombination mit Zweigen dargestellt, weshalb sie auch ***»Zweiggöttin«*** genannt wird. Es ist die personifizierte Macht der fruchtbaren Erde. Das manchmal frontale Gesicht mit den großen Ohren kennzeichnet sie als erhörende Gottheit. Sie wendet dem Beter oder der Beterin ihr freundliches Angesicht zu (➛19 und Num 6,26).

53

Eine kanaanäische Besonderheit ist der wegen seiner charakteristischen Kleidung sog. ***»Fürst im Wulstsaummantel«***. Er illustriert die starke Position der kanaanäischen Stadtkönige (vgl. Gen 20f), die sich dergestalt auch auf Stelen repräsentieren ließen. Unsicher ist, ob ihnen nur als Fürsten Respekt gezollt wurde oder ob sie nach ihrem Tod auch als Götter verehrt wurden.

54

Unter den Göttern dominiert auf Skarabäen der ***Wettergott mit dem Blütenszepter***. Der Falkenkopf auf einigen Siegeln (➛106) verweist auf den ägyptischen Sonnen- und Königsgott Horus. Das Blütenszepter (➛96) weist den kanaanäischen Wettergott als Partner der »Zweiggöttin« aus. Eine typisch kanaanäische Darstellung von Königsherrschaft in Politik, Natur und Kosmos (vgl. Ps 74; 93).

55

47

48

Tor von Dan

Die kanaanäischen Städte waren mit Glacis, Mauern und Toren massiv befestigt. Dank glücklicher Umstände, ist in Dan eine Toranlage aus luftgetrockneten Ziegeln vollständig erhalten geblieben.

Massebenreihe von Geser

Monolithische, in einer Reihe angeordnete Stelen vergegenwärtigen vielleicht Ahnen (vgl. 2Sam 18,18).

49

Avaris

In Qantir legte die Archäologie Piramesse (d.h. Ramsesstadt) frei, das biblische Pitom und Ramses (Ex 1,11). In unmittelbarer Nachbarschaft befindet sich Tell el-Dab^{c}a, das mit Avaris, der Hauptstadt der Hyksoskönige identifiziert werden konnte. Avaris und Ramsesstadt lagen am Horusweg (Meeresstraße), der über den Sinai und Palästina nach Syrien führte, konnten aber über den pelusischen (östlichen) Nilarm auch per Schiff erreicht werden.

Freskofragment aus der Hyksos-Zitadelle von Avaris

Die Hyksos unterhielten intensive Handelsverbindungen mit Nubien. Der Weg durch das rebellische Oberägypten wurde mit Festungen gesichert. Wirren unter den nordsyrischen Stadtstaaten brachten den Handel mit ihnen zum Erliegen. Dafür gab es einen regen Austausch mit Zypern, woher u.a. Kupfer importiert wurde. Das Fresko mit Akrobaten, Stieren und Labyrinthen in kretischem Stil belegt die intensiven Kontakte zur minoischen Welt und die damalige Bedeutung des Mittelmeeres als Handelsraum.

50

Nicht selten werden anstelle des Wettergottes seine leicht geschürzten ***Verehrer in tanzenden Posen*** dargestellt. Das Radschlagen und Scherzen vor Gott hatte erotische Untertöne und war wohl Bestandteil karnevalesker Feste zu Ehren des Wettergottes. Noch David tanzt vor der Bundeslade JHWHs, erntet jedoch den Spott Michals, die den Brauch nicht anerkennt (2Sam 6,5.20-22).

56

Die in Ägypten beheimatete nilpferdgestaltige ***Thoëris*** (»die Große«) wurde auch in Kanaan von Schwangeren und Wöchnerinnen als Schutzmacht angerufen. In der Hand hält sie ein Zaubermesser. Zaubermesser aus Elfenbein mit Einritzungen von Thoëris und anderen Schutzgottheiten wurden Gebärenden auf den Bauch gelegt.

57

Ein aus Vorderasien stammendes ***omegaförmiges Schutzzeichen*** findet sich auf sehr kleinen Amuletten, die vorwiegend in Kindergräbern gefunden wurden. Es symbolisiert den Mutterschoß und wurde in Babylonien den Muttergottheiten zugeordnet. Noch bei Ijob klingt die göttliche Dimension des Mutterschoßes an (Ijob 1,21; vgl. Sir 40,1).

58

Skarabäus mit der Kartusche des Hyksoskönigs Scheschi. Er regierte um 1630 v.Chr. und war einer von sechs Pharaonen, die in der Hyksoshauptstadt Avaris residierten und als Könige ganz Ägyptens galten (15. Dynastie). Gleichzeitig regierten Vasallenkönige im kanaanäischen Scharuhen (16. Dynastie), und fünfzehn thebanische Könige herrschten über Oberägypten (17. Dynastie).

59

In Anlehnung an die Gepflogenheiten ägyptischer Beamter ließen auch phönizische Fürsten Skarabäen mit Hieroglypheninschriften herstellen. Diese hier lautet: ***»Der Stadtfürst von Byblos, Jantin(-hammu)«***. Jantin war ein Zeitgenosse Zimrilims von Mari am Eufrat, in dessen Korrespondenz er als »Bürgermeister von Byblos« erwähnt wird.

60

»Sklaverei im Hause Pharaos«
Ägyptens Vorherrschaft (1550–1150 v. Chr.)

»Da zwangen die Ägypter die Israeliten unbarmherzig zum Dienst und machten ihnen ihr Leben sauer mit schwerer Arbeit in Ton und Ziegeln und mit mancherlei Frondienst auf dem Felde, mit all ihrer Arbeit, die sie ihnen auflegten ohne Erbarmen.« (Ex 1,13f)

Die Ägypter des Neuen Reiches vertrieben die »Hyksos« aus Ägypten. Sie machten die ganze Levante zu ihrer Kolonie und beuteten Land und Leute mit Hilfe einheimischer Marionettenfürsten aus. Wälder wurden abgeholzt, Sklavinnen, Kriegsgefangene und Tribute ins Niltal abgeführt. Die Städte entvölkerten sich. Die Landbevölkerung ging zum Nomadisieren über.

Die unzähligen Erfahrungen von Gewalt und Unterdrückung werden in der Bibel mit den Geschichten von der Sklaverei in Ägypten verarbeitet.

61

Aufstieg und Fall der ägyptischen Herrschaft in der Levante:
Ahmose *(1551/40?–1515 v.Chr.) vertreibt die »Hyksos« aus Ägypten.*
Thutmosis I. *(1494–1482 v.Chr.) dringt bis an den Eufrat vor.*
Thutmosis III. *(1479–1426 v.Chr.) sichert mit 17 Feldzügen nach Syrien die asiatischen Kolonien bis an den Eufrat.*
Amenophis II *(1427–1401 v.Chr.) zieht sich an den Orontes zurück.*
Thutmosis IV. *(1401–1391 v.Chr.) schließt einen Frieden mit dem Mitanni-Reich.*
Sethos I. *(1293–1279 v.Chr.) verlegt den Regierungssitz nach Piramesse (➛49) im Ostdelta und stellt auf mehreren Asienfeldzügen die unter seinen Vorgängern vernachlässigte Herrschaft in der Levante wieder her.*
Ramses II. *(1279–1213 v.Chr.) verliert in der Schlacht bei Kadesch (1274 v.Chr.) die nördliche Levante an die Hetiter. Friedensvertrag mit dem Hetiter Hattuschili III. (1274 v.Chr.). Festigung der ägyptischen Verwaltung in Palästina.*
Merenptah *(1213–1203 v.Chr.) kämpft gegen die aus dem Mittelmeerraum in Palästina und im Delta eindringenden »Seevölker«. Auf einer Siegesstele Merenptahs wird 1208 v.Chr. erstmals der Name »Israel« erwähnt.*
Ramses III. *(1184–1153 v.Chr.) kämpft gegen die »Seevölker«. Der ägyptische Einfluss beschränkt sich auf Südpalästina.*

K-15

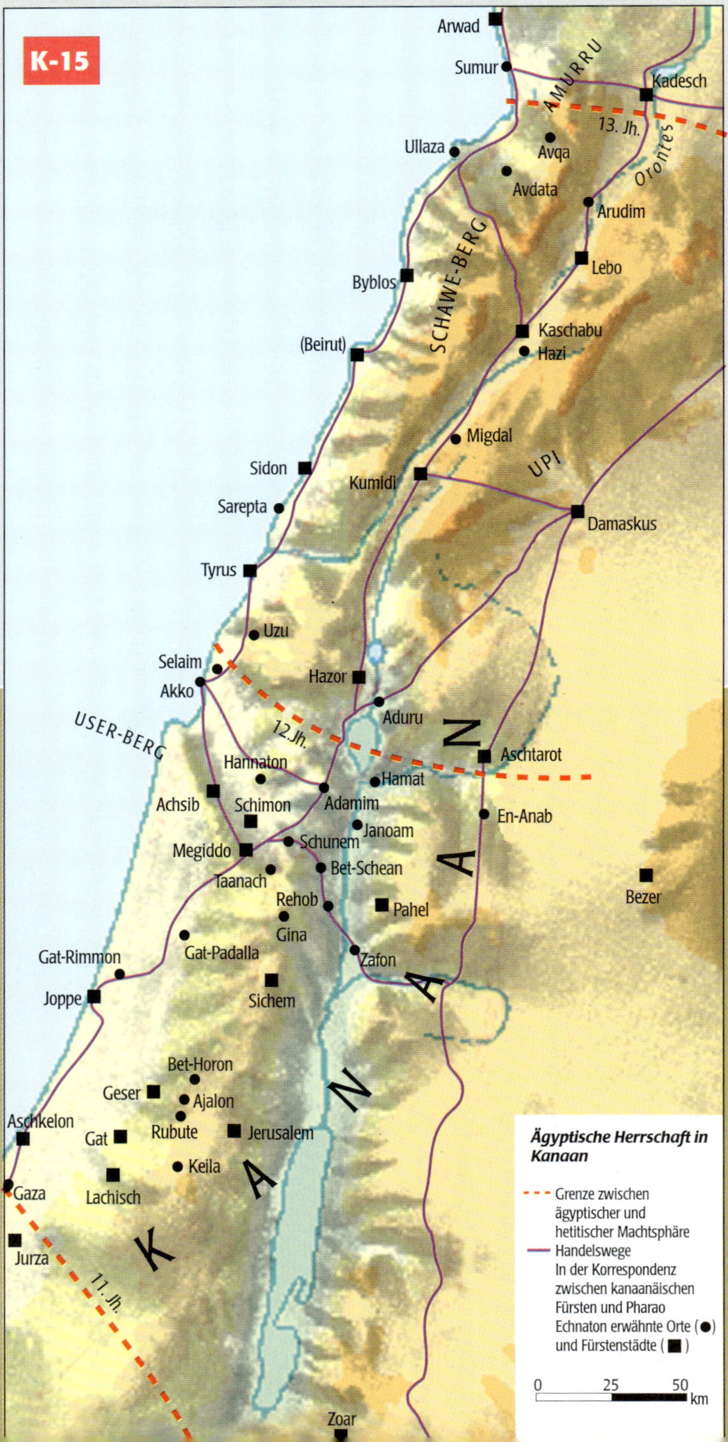

Schlacht bei Megiddo **62**

1457 v.Chr. kam es zu einer historischen Schlacht zwischen Ägyptern und Asiaten bei Megiddo, die Thutmosis III. für sich entscheiden konnte. Megiddo (➛108), am Fuß des wichtigsten Karmelpasses in der Jesreel-Ebene gelegen, war mehrmals Schauplatz kriegerischer Auseinandersetzungen, die in die Geschichte Palästinas eine Wende brachten. In der Offenbarung des Johannes wird Harmagedon, der »Berg von Meggido«, zum Ort der Entscheidung zwischen den guten und den bösen Mächten stilisiert (Offb 16,16). Der folgende Auszug stammt von einer Stele Thutmosis III. aus Nubien.

»Ich berichte euch nun; hört es, ihr Leute! Er (der Reichsgott Amun) hat mir die Länder von Retschenu (Syrien, Palästina) auf dem ersten Feldzug bestimmt, als sie kamen, um mit meiner Majestät zu kämpfen; es waren Millionen und Hunderttausende von Männern aus den Ersten aller Fremdländer, sie standen auf ihren Pferdegespannen und waren 330 Fürsten, ein jeder davon mit einem Heer versehen. Als sie nun im Tale Qen waren und in Bereitstellung eng zusammenlagen, da geschah durch mich eine erfolgreiche Tat an ihnen. Meine Majestät griff sie an, und da flohen sie sogleich, indem sie haufenweise fielen. Sie gingen nach Megiddo hinein. Meine Majestät schloss sie für die Dauer von sieben Monaten ein, bevor sie herauskamen und meine Majestät anflehten: ›Gib uns deinen Odem, unser Herr, die Fremdvölker von Retschenu werden ein anderes Mal nie wieder aufrührerisch sein.‹ «

67–69 Die im Mittleren Reich aufgekommenen Skarabäen (➛51–60) werden von den Pharaonen des Neuen Reiches bewusst als Propagandainstrument ihrer kolonialen Politik eingesetzt.

67

Die beliebtesten Glücksbringer überhaupt waren Skarabäen mit dem ***Thronnamen Men-cheper-re des erfolgreichen Pharaos Thutmosis III.*** Der anspielungsreiche Thronname des nach seinem Tod vergöttlichten Herrschers wurde auch auf Amun, den höchsten Gott der Ägypter im Neuen Reich, bezogen.

68

Zur Kolonisierung Palästinas benutzten die Ägypter erstmals ***Streitwagen***. Der siegreiche Pharao auf dem Wagen wurde zum Hauptmotiv der ägyptischen Propaganda, das Ertrinken der Rosse und Wagen im Schilfmeer beim Auszug hingegen für die Hebräer(innen) zum Symbol der Befreiung (Ex 15,1). Den Königen Israels war das Halten von vielen Pferden und Wagen untersagt (Dtn 17,16).

In ***Bet-Schean***, wo sich Ost-West- und Nord-Süd-Verbindungen kreuzten, errichtete die ägyptische Besatzungsmacht einen Stützpunkt. Dort opferten sie u.a. dem mit Seth gleichgesetzten lokalen Stadtgott Mekal, und Ramses II. ließ dem Reichsgott Amun eine monumentale Stele errichten. Zum Zeichen des Sieges über die Asiaten, die am Fuße der Stele als Feinde dargestellt sind, überreicht der Gott dem König das Krummschwert (➛66).

63

Ein Relief aus dem Beamtengrab Haremhabs in Saqqara zeigt Bittsteller aus verschiedenen Völkern, die wegen Hungersnöten in ihren Ländern mit Gesten tiefster Selbsterniedrigung in Ägypten um Asyl ersuchen (vgl. Gen 42,1f). Die Größenunterschiede zwischen dem Herrscherpaar, dem Übersetzer, den neun fremden Männern und ihren Frauen und Tieren illustrieren Ägyptens Macht bzw. die Ohnmacht der Nachbarländer.

64

Hazor, knapp 60 km von Bet-Schean entfernt, wurde nicht von den Ägyptern kontrolliert. Der ägyptische Einfluss ist hier kaum zu spüren, wohl aber der syrische. Das berühmte Stelenheiligtum der Unterstadt war vermutlich der Mondgottheit geweiht (➛32; 92; 140). Die Figur eines sitzenden Mannes stellt vielleicht einen vergöttlichten Ahnen dar.

65

Elfenbeinintarsie aus Megiddo (12. Jh. v.Chr.)

Die palästinischen Stadtfürsten feiern sich gerne als kleine Pharaonen, die auf Wagen fahren, Rebellen bekämpfen und so Ruhe und Ordnung garantieren. Begleitet von einem Waffenträger, der ein Krummschwert (➛64 und Jos 8, 18.26) hält, führt der Fürst hier gefangene Schasu-Nomaden vor. Er setzt sich auf einen Kerubenthron (vgl. 1Kön 6,23-28). Es wird musiziert (z.B. Ps 72; 89) und getrunken. Seine Frau bringt ihm Blumen, und aufsteigende Tauben verkünden seinen Sieg über die Feinde (vgl. Ps 68,12-14).

66

70–72 Unter dem Eindruck der erfahrenen Gewalt erhalten auch die alten kanaanäischen Gottheiten ein neues, kämpferisches Image. Die Göttinnen werden teils von Göttern verdrängt, teils in männlichen Rollen dargestellt.

69

Die ***Pose des Niederschlagens von Feinden durch den Pharao***, auf Tempelwänden in riesigen Dimensionen eingemeißelt, wurde massenhaft auf Skarabäen verbreitet. Der Pharao wird mit diesem Ikon zur göttlichen Macht stilisiert, der die Feinde der in seinem Sinne geordneten Welt in Schach hält (vgl. Ps 2,9).

70

Der Wettergott ***Baal*** erscheint nicht mehr zusammen mit seiner Partnerin (➛18) oder als friedlicher Fürst mit Blütenszepter (➛55). Er verschmilzt mit dem ägyptischen Gott Seth zu Baal-Seth und wird wie dieser als Bekämpfer alles Dunklen und Bösen, symbolisiert in einer Schlange, dargestellt. In der Bibel übernimmt JHWH diese Funktion. Die Schlange heißt dort Leviatan (Ps 74,13f).

71

Der Pestgott ***Reschef*** wird immer mit einem Schild dargestellt. Seuchen konnten sich unter der ausgebeuteten palästinischen Bevölkerung leicht ausbreiten. Die Beulenpest wurde von den Ägyptern »asiatische Krankheit« genannt. In der Bibel bedeutet Reschef »Brand« (Ps 76,4) und »Seuche« (Ps 78,48) und gilt als Diener JHWHs (Hab 3,5).

72

Auch die Göttin ***Astarte*** erscheint als Kriegerin, im Damensitz auf dem Pferd über besiegte Feinde hinwegreitend. Während die nackten Göttinnen (➛136) nur noch in Billigausführungen beim einfachen Volk Verbreitung fanden, konnte sich die Powerfrau Astarte im Pantheon der harten Männer behaupten.

»Landnahme und Richterzeit«

Machtvakuum in Vorderasien (1200–1000 v.Chr.)

»Zu den Zeiten Schamgars, des Sohnes Anats, zu den Zeiten Jaëls waren verlassen die Wege, und die da auf Straßen gehen sollten, die wanderten auf ungebahnten Wegen.« (Ri 5,6)

Rund vierhundert Jahre ägyptischer Kolonialwirtschaft und der Zusammenbruch des ostmediterranen Handelsnetzes führten das Land in den Ruin. Die Städte entvölkerten sich größtenteils. Die Bevölkerung nomadisierte im Hügelland. Von Westen erreichten die sog. Seevölker das Land und begannen an den Küsten der Levante zu siedeln. Die stammesmäßig organisierten Hirtennomaden bemächtigten sich nach und nach des Berglandes, bauten einfache, den landwirtschaftlichen Bedürfnissen angepasste Ringdörfer mit Vierraumhäusern (➤23) und gingen zu einer weitgehend autarken Kleinbauernwirtschaft über.

Eine Gruppe dieser Art mit Namen Israel wird inschriftlich erstmals 1208 v.Chr. auf einer Stele Merenptahs erwähnt (➤61). Im Buch Josua werden sie viel später in heroisch verklärter Rückschau als von außen eindringendes, geschlossenes Volk dargestellt.

K-16

Efraim um 1200 v.Chr.
Die ländliche Bevölkerung lebt nicht in festen Behausungen.

■ Bedeutender Ort
Bet-El In der Bibel erwähnt

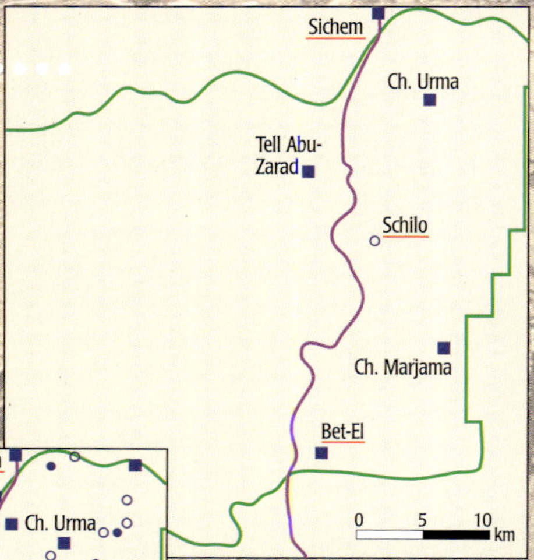

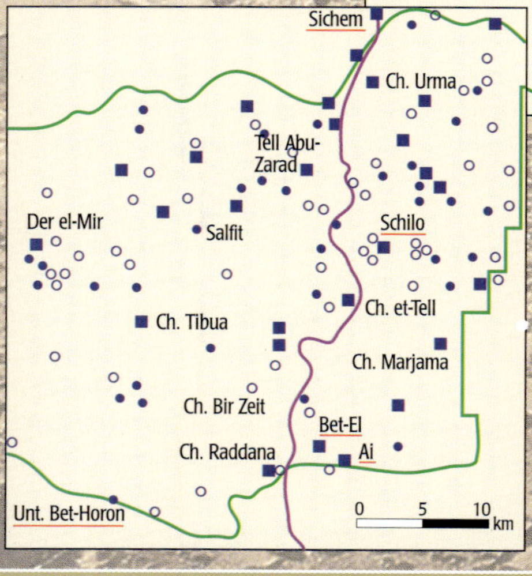

K-17

Efraim um 1000 v.Chr.
■ Bedeutender Ort
● Dorf
○ Gehöft
Bet-El In der Bibel erwähnt
Grenze des archäologisch untersuchten Gebiets
Heutige Verbindungsstraße Jerusalem - Nablus

Das Gebiet des Stammes Benjamin

Blick vom biblischen Rama, wo der Prophet Samuel lebte, auf Gibeon (»Hügelort«; ➤97). In Jos 9 wird erzählt, dass die Israeliten die Bewohner von Gibeon wegen einer List nicht vertreiben konnten, sondern sie zu Holzfällern und Wasserträgern machten. Nach Jos 10 kämpfte Josua an der Seite der Gibeoniten gegen fünf Kanaanäerfürsten. Ri 19f berichtet von einer Schandtat in Gibea und dem folgenden Strafgericht am Stamm Benjamin. Weitere Konfliktgeschichten jener Gegend sind aus der frühen Königszeit überliefert (2Sam 2 und 20f). Genaue Bibellektüre erweist die »Landnahme« nicht als Eroberung, sondern als komplexen kulturellen Umbruch.

78

Die ägyptischen Bildmotive verschwinden allmählich aus dem Siegelrepertoire Palästinas. Ausnahme: der Gott **Amun**. Ihm wurde um 1000 v.Chr. im östlichen Nildelta (Tanis) ein großer Tempel gebaut. Ein anderer wurde wahrscheinlich in Gaza von den Philistern übernommen. Statt mit einer ägyptischen Sphinx wird der Name des Gottes nun mit einem Löwen kombiniert.

73

Typisch für die Richterzeit sind Siegel mit kämpferischen Gottheiten wie **Baal-Seth**. Dieser auf einem Löwen stehende, mit den Flügeln des Sturms versehene kanaanäisch-ägyptische Gott mit der »Zipfelmütze« Baals (➤94) vertritt die Interessen Amuns in kämpferischer Weise: als Gewitter gegen die Dürre im Kosmos oder als Krieger gegen Feinde in der Politik.

74

Aus dem ägyptischen Sonnengott Horus, der über die Mächte der Finsternis triumphiert, ist ein **Herr der Tiere** geworden, der vorzugsweise Stauße, Krokodile, Skorpione oder Steinböcke bändigt. Statt ägyptisierender Siegel in Form des Mistkäfers werden nun vermehrt unfigürliche, einheimische Siegeltypen verwendet.

75

Neben den auf Überlegenheit und Beherrschung ausgerichteten Siegelmotiven gibt es aus der Frühzeit Israels auch Segensbilder, die Sorge um die Herden zum Ausdruck bringen. Dazu gehört **das säugende Muttertier.** Ein wichtiges Gesetz in der bäuerlichen Gesellschaft war das Verbot, ein Böcklein in der Milch seiner Mutter zu kochen (Ex 23, 19b; 34,26b; Dtn 14,21c). Durch das wörtlich verstandene Tabu wurde der Respekt gegenüber der engen Bindung zwischen dem Muttertier und seinem Kind zum Ausdruck gebracht (➤25; 105).

76

Ein anderes Segensbild sind **Ziegen oder Steinböcke am stilisierten Baum**. Beide Motive verweisen auf die Segensmacht der Göttin, die im Zuwachs der Herden exemplarisch zum Ausdruck kommt. Auch diese Domäne übernimmt zwar in Israel später JHWH (vgl. Dtn 7,13; 28,4.18.51), doch verrät das hebräische Wort für »Zuwachs«, *aschtarot*, dass es sich um die ursprünglich der Göttin (Astarte) verdankte Segensgabe handelt.

77

Tell Dotan

Eine typische Situation der Landnahmezeit: Während in Dotan die traditionelle kanaanäische Stadtkultur fortexistierte, entstanden in der ländlichen Umgebung neue Dörfer der Landbevölkerung. 1978 wurde östlich von Dotan ein bronzenes Kultbild in Gestalt eines Stiers entdeckt, der zu einem bäuerlichen Clan-Heiligtum gehörte. Dieses bestand aus einem offenen, ummauerten Platz, auf dem vielleicht das Getreide gedroschen wurde (vgl. Hos 9,1). Der Stier verkörpert Kraft und Kampfbereitschaft (vgl. Dtn 33,17). Er gehört zum Umfeld des Wettergottes (➛18), der von den israelitischen Bauern mit JHWH gleichgesetzt wurde.

79

81

Aschkelon

Im Flugbild ist der immense Schutzwall der Stadt deutlich zu sehen. Er geht in die Zeit der Kanaanäer zurück, wurde aber bis in die Kreuzfahrerzeit hinein immer wieder ausgebessert. Ägypter und Philister haben heftig um die bedeutende Stadt gerungen, bevor die Philister den Sieg davontrugen. Israels Einfluss auf die Stadt beschränkte sich auf einen legendären Terrorakt unter Simson (Ri 14,19).

82

Die Philister

Ab dem 14. Jh. v.Chr. fassen Aussiedler aus der Ägäis im östlichen Mittelmeerraum Fuß. Mit zunehmendem Bevölkerungsdruck kommt es im Nildelta unter den Pharaonen Merenptah und Ramses III. zu Schlachten gegen die »Seevölker«. Während sie dort vertrieben werden, können sich die Philister im südpalästinischen Raum behaupten. Nach biblischer Darstellung dominieren sie anfänglich die Bevölkerung im Hinterland. Sie kontrollieren den Eisenwarenhandel (1Sam 13,19) und damit die Rüstung, siegen bei Eben-Eser über den israelitischen Stämmebund (1Sam 4) und halten sich hebräische Söldner (1Sam 29f). Dann wendet sich das Blatt: David besiegt die Philister in der Rafaiterebene (2Sam 5,20; K-23) und hält sich seinerseits philistäische Söldner, die »Kreter und Pleter« (2Sam 8,18; 15,18 u.ö.). Der Einfluss der Philister beschränkt sich künftig auf die Küstenebene. Trotz den Querelen mit seinen Nachbarn wusste sich Israel schicksalhaft mit den Philistern verbunden, wie ein Prophetenwort des Amos zeigt: »Seid ihr Israeliten mir nicht gleichwie die Kuschiter?, spricht JHWH. Habe ich nicht Israel aus Ägyptenland geführt und die Philister aus Kaftor und die Aramäer aus Kir?« (Am 9,7) Im Landschaftsnamen »Palästina« lebt die Erinnerung an die Philister bis auf den heutigen Tag fort.

Der Kultständer aus Taanach (10. Jh. v.Chr.)

kann als Tempelmodell verstanden werden: im untersten Register verweist die Herrin der Löwen auf die göttlich kontrollierte Wildnis außerhalb des Heiligtums. Im zweiten Register flankieren zwei Keruben den Zugang zum heiligen Bezirk, worin (drittes Register) Aschera in Gestalt eines segensspendenden Baumes, an dem sich zwei Ziegen ernähren, die Erde repräsentiert, während das Pferd unter der geflügelten Sonnenscheibe im obersten Register die Sonne vergegenwärtigt.

80

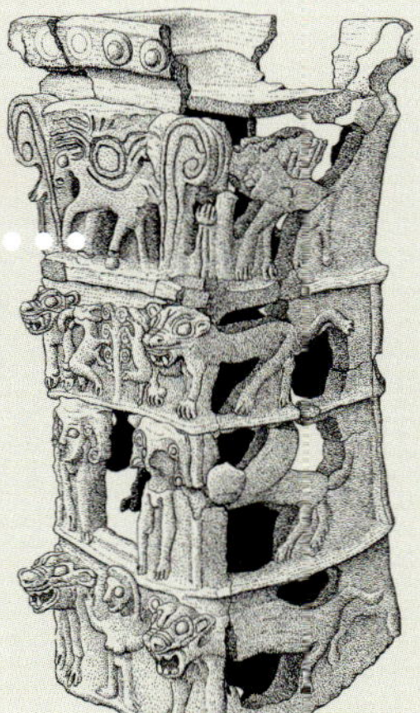

83

Göttin vom Aschdoda-Typ

Die ein- oder zweifarbig bemalte sog. philistäische Keramik aus Aschdod verrät mykenischen Einfluss und verweist auf die Beziehungen der Philister zum ägäischen Raum (➛35). Da sich die Philister sehr schnell der einheimischen kanaanäischen Kultur anpassten, verschwindet Keramik dieses Stils schon bald. Die mit einem Thron verschmolzene Frau vergegenwärtigt die Göttin, die in Kanaan schon früher gerne als thronende Herrin dargestellt worden ist.

Israels Nachbarn

»Aber der König Salomo liebte viele ausländische Frauen: die Tochter des Pharao und moabitische, ammonitische, edomitische, sidonische und hetitische...« (1Kön 11,1)

Nähe und Distanz bestimmen das Verhältnis Israels zu seinen Nachbarn. Einerseits predigten Abgrenzungsideologen religiös motivierte Distanz: »Geht nicht zu ihnen und lasst sie nicht zu euch kommen; sie werden gewiss eure Herzen ihren Göttern zuneigen« (1Kön 11,2).

Andererseits war aber im Alltag der kleinräumigen Levantestaaten Nähe in Gestalt von Handel, kulturellem Austausch, humanitärer Solidarität und militärischen Bündnissen gefragt. Letzteres verschaffte den Kleinstaaten in der Schlacht bei Karkar (853 v.Chr.) Respekt gegenüber den nach Westen expandierenden Assyrern (➛K-27).

84

Edom und die Söhne des Ostens
In Edom gibt es nur wenige landwirtschaftlich nutzbare Inseln inmitten der Wüste. Dass das Land im 7. Jh. v.Chr. trotzdem prosperiert, verdankt es einerseits den reichen Kupfervorkommen in der Araba-Senke (vgl. Num 21,4-9), andererseits dem Handel mit Südarabien auf der sog. »Königsstraße« (vgl. Num 20,17). Das Kupfer interessiert die hochgerüsteten Assyrer, die bis dahin vom phönizisch kontrollierten Kupfer der Insel Zypern abhängig waren. Der Handel mit Gold, Weihrauch und Myrrhe aus Südarabien ist lukrativ. Die Edomiter kontrollieren die Verzweigung der Weihrauchstraße nach Norden (Damaskus) und Westen (Gaza). Die arabischen Söhne des Ostens (Jer 49,28 u.ö.) sind als Stämmebund Ismael organisiert (Gen 25,13ff). Sie werden durch den Handel reich und mächtig, so dass es unter Assurbanipal zur militärischen Auseinandersetzung zwischen Arabern und Assyrern kommt (➛40).

Nubischer Sandstein bei Petra

Edom (»Rotland«) wird auch Seïr, »Haarland«, genannt. Als Ahnvater der Edomiter gilt der haarige (!) Esau (Gen 36), der sein Erstgeburtsrecht für eine Linsensuppe (wörtl. »das Rote«) seinem Bruder Jakob überlässt. Die spannungsvolle Geschichte der beiden Brüder (Gen 27; 33) spiegelt die Konkurrenz zwischen Juda und seinem südöstlichen Nachbarn.

85

87

Menschengestaltiger, tönerner Kultständer aus En-Chazevah

Er gehört zum Kultinventar des Tempelchens (7./6. Jh. v.Chr.) einer Karawanenstation am Rande der Araba, die von arabischen, edomitischen und judäischen Handelsreisenden benutzt wurde. Der Gott der Edomiter, Qaus (»Bogen«), wird von den Judäern nicht zu den Greuelgötzen gerechnet. Offenbar weiß man um denselben Ursprung JHWHs (vgl. Ri 5,4f; Dtn 33,2; Hab 3,3)

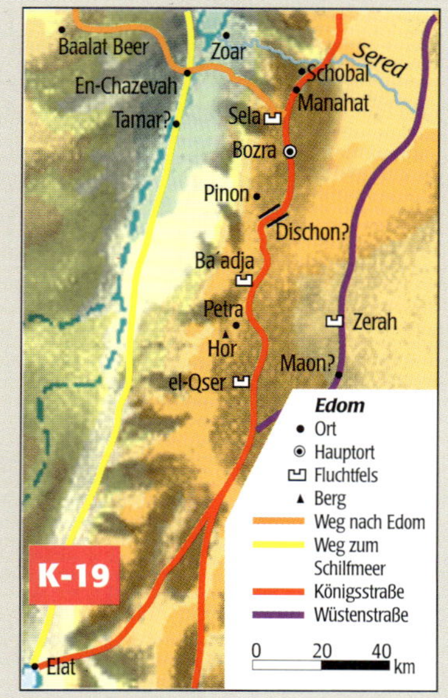

Die Gefilde Moabs, die rund 100–200 m höher liegen als die Berge Judas und deshalb reichlich Niederschlag erhalten (➛K-3), sind in Hungerjahren ein Refugium für Flüchtlinge aus Juda (vgl. Rut 1,1).

87

88

Ammon und Moab
Der winzige Stadtstaat Ammon profitiert vom Karawanenhandel mit den Arabern. Schutzpatron der Stadt und ihres Umlandes ist eine Gottheit mit dem archaischen Namen Milkom (»König«). Moab ist größer als Ammon, aber weniger wohlhabend; in der Mitte des 9. Jh. v.Chr. emanzipiert sich das Land unter dem Diboniter Mescha aus israelitischer Fron. Mescha lässt seine Taten auf einer Stele in nordwestsemitischer Schrift aufzeichnen. Israelitische Städte werden erobert und die Bevölkerung sowie die Kultgeräte JHWHs dem moabitischen Staatsgott Kemosch geweiht (vgl. für Israel 1Sam 15,3 u.ö.). Nach der Bibel entstammen die Moabiter und Ammoniter der inzestuösen Verbindung Lots mit seinen Töchtern (Gen 19,30-38). Durch diese Sage wird aus judäischer Perspektive gleichzeitig Nähe (verwandt) und Distanz (sittenlos) gegenüber den Nachbarn zum Ausdruck gebracht.

Ammonitischer Würdenträger

mit auffällig großem, ägyptischem Kopfputz. Eine Krone dieser Art könnte David dem ammonitischen König oder der Statue des ammonitischen Gottes entwendet haben (2Sam 12,30).

89

K-2

90

Der Hermon, von Damaskus aus gesehen

Die Heimat der Aramäer liegt im nord-syrischen Habur-Gebiet. Von dort verbreiten sie sich nach Westen und gründen bis nach Damaskus hinab dauerhafte Kleinstaaten.

91

Aram

Die Heimat der Aramäer liegt im oberen Zweistromland und dem nördlich angrenzenden Gebirge Kir (Am 9,7). Der Überschuss dieser Bergbevölkerung wanderte am Ende des 2. Jt. v.Chr. Richtung Westen aus. Die Bibel erinnert sich daran, dass Abrahams Sippe aramäische Emigranten aus jener Region waren (Gen 11, 24-32; 22,20-24; Dtn 26,5). Assyrische Annalen berichten von Aramäergebieten am Dschebel Bischri und in der Oase Tadmor (Palmyra). In Gosan (Tell Halaf) entsteht kurz vor 1000 v.Chr. ein erstes aramäisches Staatswesen. Weitere Stadtstaaten folgen mit Zentren in Haran, Karkemisch, Til-Barsip, Sam'al, Aleppo, Arpad, Hama, Hadrak (vgl. Sach 9,1), Soba und Damaskus (➛110). Letzterer wurde zum mächtigen Rivalen Israels (vgl. ➛31 und K-21).

92

Torstele von et-Tell (Betsaida; ➛32)

Die Stele aus dem 8. Jh. v.Chr. verbindet Aspekte des Wettergottes (Stier) mit dem Mondgott (Sichel/Gehörn). Das größte Mondheiligtum befand sich im aramäischen Haran, wo ähnliche Stelen gefunden wurden. Der kämpferische Mondgott wurde als Garant von Grenzen (Tor!) und Verträgen angerufen.

93

Eschmuntempel von Sidon

Die phönizischen Metropolen waren damals die modernsten Städte des Orients. Die Einstellung des Hinterlandes ihnen gegenüber war äusserst zwiespältig. Die politische Elite versuchte den erfolgreichen phönizischen Staatskapitalisten nachzueifern und imitierte sogar ihre religiösen Sitten (2Kön 11,18). Die ausgebeuteten Bauern und ihre Sprachrohre, die Propheten, verfluchten die stolzen Städte hingegen ausführlich und mit deftigen Worten (Am 1,9-10; Ez 26-28; Joël 4,4-8; Sach 9,2b-4).

95

Phönizien

Die phönizischen Stadtstaaten sind die Erben der kanaanäischen Kultur der Bronzezeit. Ihr Reichtum beruhte auf dem Seehandel im Mittelmeerraum, den sie, angelockt von Bodenschätzen, bis nach Tarschisch (Tartessos/Baetica) in Andalusien ausdehnten. Die nordisraelitischen Stämme belieferten die phönizischen Städte, die teilweise eigene Ländereien in Israel besaßen (1Kön 9,11b-14), mit Grundnahrungsmitteln. Umgekehrt fanden Luxusprodukte wie geschnitzte Elfenbeine (➛114f), Baustoffe wie Zedernholz und technisches Know how (1Kön 5,16-32) den Weg nach Hazor, Megiddo, Samaria und Jerusalem.

96

Alphabet

Unter dem doppelt geflügelten, blütenhaltenden Wettergott (➛55) mit pharaonischer Doppelkrone auf einem Stempelsiegel aus der Gegend von Dan findet sich in Alphabetschrift die Inschrift: »(Gehört) dem 'Uzza.« Die Phönizier haben ägyptische Hieroglyphen vereinfacht und mit der Erfindung des Alphabets ein bis heute unübertroffenes Schriftsystem geschaffen (➛28).

94

Baalstele aus der Umgebung von Tartus. Die archaisierende Stele des 7. Jh. v.Chr. zeigt den kriegerischen Wettergott mit der langen Zipfelmütze. Sein klassisches Podesttier war der Stier. Der Löwe gehörte ursprünglich zur Sphäre der Göttin (➛52) und von Heilgöttern.

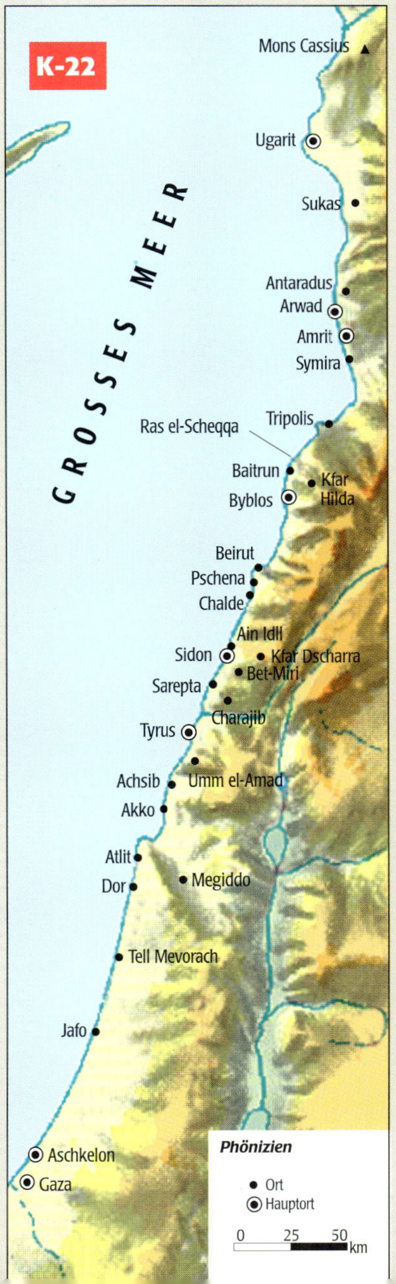

Israel auf dem Weg zum Königtum

»...ein König soll über uns sein, dass wir auch seien wie alle Völker, dass uns unser König richte und vor uns her ausziehe und unsere Kriege führe!« (1Sam 8,19b-20)

Die letzten »Richter« und die ersten »Könige« Israels waren soziologisch betrachtet Stammeshäuptlinge.

Abimelech, Saul, David und Salomo waren Männer, die von ihrem Stamm mit besonderen Vollmachten ausgestattet wurden. Sie residierten in einer Stadt, aus deren Tempel sie Vermögen bezogen, mit dem sie eine Söldnertruppe unterhielten, um Feinde abzuwehren, das Stadtgebiet zu vergrößern und Sklaven herbeizuschaffen, die den Bürgerinnen und Bürgern der Stadt dienstbar waren. Sie waren aber noch keine richtigen Könige, weil sie noch über keinen repräsentativen Palast, keine staatlich eingebundene Priesterschaft und keine vom Stamm unabhängige Beamtenschaft verfügten.

Deshalb gibt es von ihnen auch noch keine Annalen. Diese setzen in der Bibel mit Jerobeam I. von Israel und Rehabeam von Juda ein (1Kön 14,20f), die nun nicht mehr nur über eine Stadt und ihr Umland, sondern über größere Gebiete herrschen.

97

Gibeon (el-Dschib)

im Herzen Benjamins (➛78) war in der frühen Königszeit ein bedeutender Ort. Dies wird archäologisch durch zwei aufwendige Wasserversorgungssysteme dokumentiert: einen Tunnel, der über 93 Treppenstufen zu einer Quelle führt und einen künstlichen Teich, der in den festen Kalkstein gehauen und mit einer Wendeltreppe versehen wurde (vgl. 2Sam 2,13).

98

Saul, König von Gibea

sieht unter Schutz und Diktat des einflussreichen Propheten Samuel, der in Rama, der Kulthöhe bei Gibeon, wohnt und auch in Gilgal, Bet-El und Mizpa, den Hauptorten des Stammesgebietes Benjamin, Recht spricht. Zusammen mit seinem Sohn Jonatan kämpft Saul erfolgreich gegen die ammonitische Vorherrschaft im Osten (1Sam 11) und gegen die philistäische Macht im Westen und Norden (1Sam 13f) seines Gebietes. Gegen David, einen judäischen Söldnergeneral der Philister im Süden seines Gebietes, der zeitweise in Sauls Diensten gestanden haben soll, kommt er nicht an. Saul und Jonatan verlieren ihr Leben im Kampf gegen die Philister auf dem Gebirge Gilboa (1Sam 29).

99

Sichem (Nablus)

liegt an strategischer Schlüsselposition auf einem Ost-West-Pass zwischen den Bergen Ebal und Garizim. Städtische Kultur ist hier spätestens seit dem frühen 2. Jt. v. Chr. bezeugt. In ägyptischen Fluchtexten und diplomatischer Korrespondenz fällt öfters der Name dieses Stadtstaates, der einen bedeutenden Tempel besaß und das ganze nördliche Bergland dominierte.

***Abimelech, König von Sichem** (➛107, 215f)*

Während Gideon, sein Vorgänger als »Richter« in Israel, aus dem Gold der Kriegsbeute noch ein Kultobjekt gießen lässt und es ablehnt, König zu sein (Ri 8,22-27), unterhält sein Sohn Abimelech mit Geld aus dem Tempel von Baal Berit (»Herr des Bundes«) eine Söldnertruppe. Mit ihr geht er nicht nur gegen aufständische Bürger der eigenen Stadt vor, sondern ermordet auch alle möglichen Konkurrenten seiner eigenen Sippe. Ein einziger, der entkommt, Jotam, vergleicht die Regentschaft seines Bruders mit der Herrschaft eines Dornstrauchs, von dem Feuer ausgeht, das alles Lebendige vernichtet, und bricht eine Lanze für das traditionelle, auf Solidarität unter Gleichen bedachte Stammessystem (Ri 9). Abimelech fällt bei der Belagerung der Stadt Tebez.

100

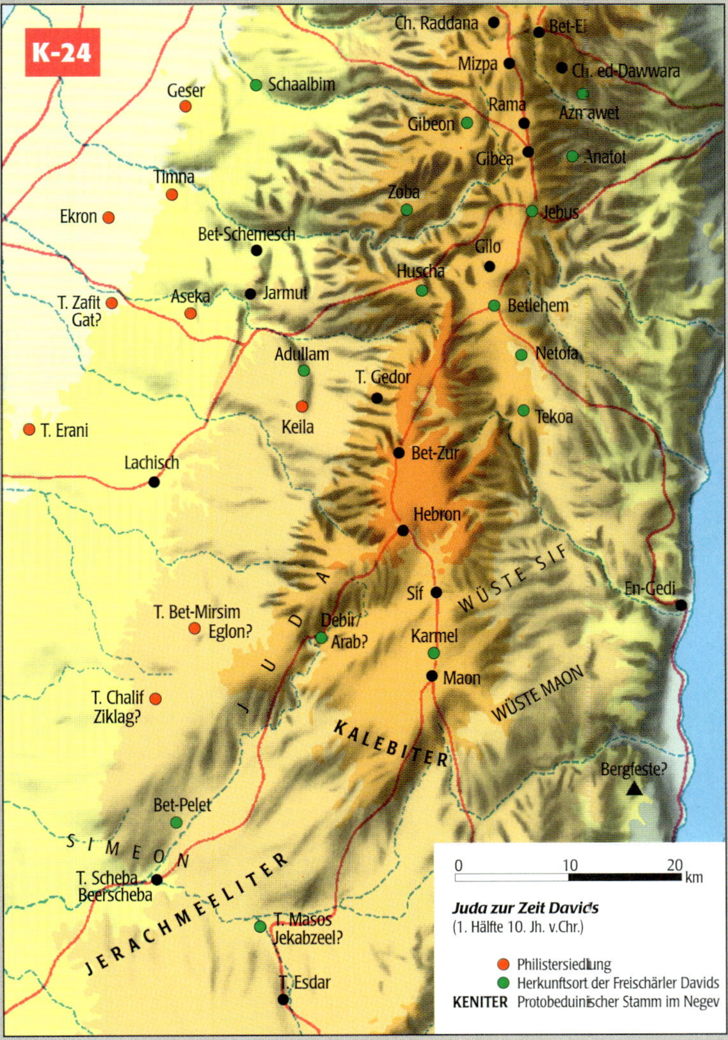

Betlehem

(«hebr. »Brothausen«, arab. »Fleischhausen«) kann trotz seines Beinamens Efrata, »die Fruchtbare«, in regenarmen Jahren seine Bevölkerung nicht ernähren (vgl. Rut 1,1). Der Heimatort Davids gilt dem nachexilischen Judentum als Ort der Wiederkunft des Gesalbten (hebr. *maschiach*; gr. *christos*: Mi 5,1-4). Nach Mt und Lk ist Betlehem der Geburtsort Jesu von Nazaret. Die Wallfahrtskirche mit der Krippe geht auf Konstantin zurück.

101

David aus Betlehem (➛ 101) 102

Mit einer Horde verarmter Judäer, Hebräer, Ammoniter und Hetiter aus dem judäischen Hügelland stellt er sich in den Dienst des Philisterkönigs Achisch von Gat. Er verteidigt die Stadt Ziklag gegen Angriffe amalekitischer Nomaden im Negev (1Sam 27; 30). Als er sich mächtig genug fühlt, setzt er sich von den Philistern ab, wird zum Freischärler mit Zentrum in Hebron, verfolgt das Haus Sauls und wird vertraglich von den Nordstämmen Israels als Fürst anerkannt (2Sam 5,1-5) und König von Hebron (➛ 129). Der erfolgreiche Aufsteiger erobert Jerusalem (2 Sam 5,6ff; 1Chr 11,4-7). Er lässt die Bundeslade, das alte Kultsymbol der israelitischen Stämme, welche die Philister in der Schlacht bei Eben-Eser erbeutet hatten, nach Jerusalem überführen (1Sam 4–6), wohin er um 1000 v.Chr. auch seinen Königssitz verlegt. Aufstände unter Absalom und Scheba, dem Sohn Bichris, schlägt er nieder. Durch Kriege gegen die Aramäer, Ammoniter und Edomiter im Ostjordanland (2Sam 8) festigt er seine Herrschaft. Er stirbt in seinem Bett, nachdem er Salomo, den Sohn seiner jebusitischen Frau Batseba, zum Nachfolger designiert hat (1Kön 1).

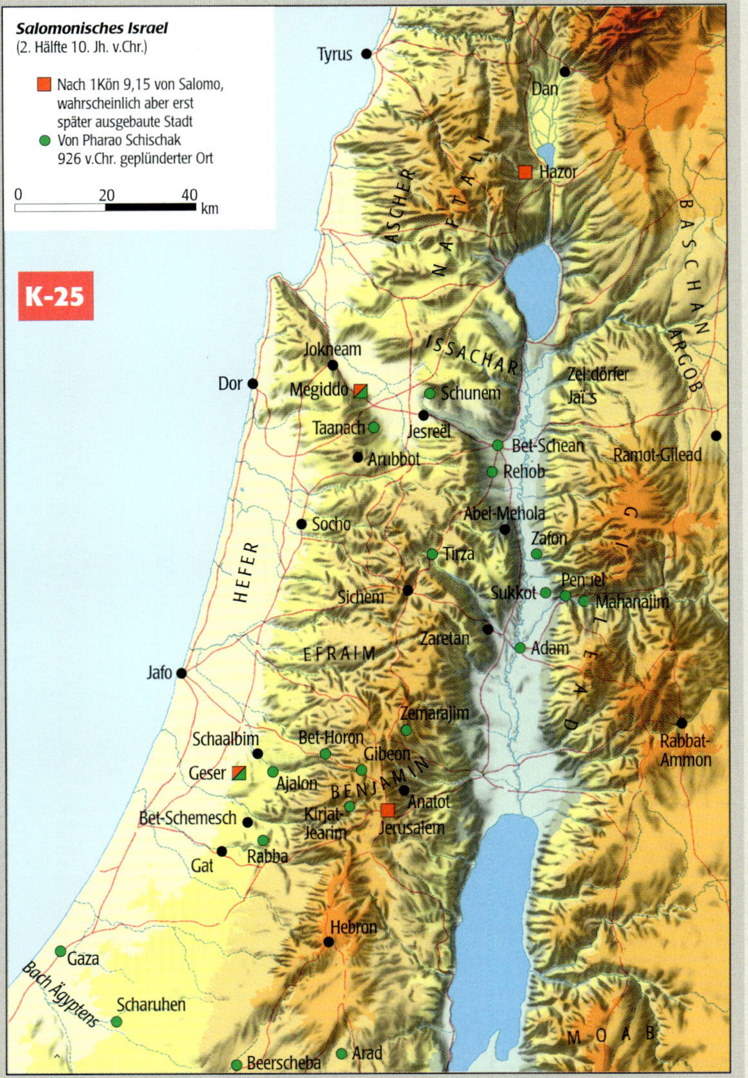

Felsendom

Der kanaanäisch-salomonische Tempel von Jerusalem wird unter den judäischen Königen (K-29) bald synkretistisch erweitert (Ahas, Manasse), bald ikonoklastisch reformiert (Hiskija, Joschija) und 587 v. Chr. von den Babyloniern zerstört (➛132). 515 v.Chr. wird unter Serubbabel ein bescheidener Nachfolgebau eingeweiht, dessen allmähliche Hellenisierung am Widerstand der Makkabäer (➛K-32) scheitert. Herodes d. Gr. erweitert ihn zu einem Monumentalbau (➛221), der 70 n.Chr. von den Römern zerstört und durch einen Jupitertempel ersetzt wird. Diesen lassen die christlichen Byzantiner beseitigen, doch die Muslime greifen die Jerusalemer Tempeltradition wieder auf und bauen 691 n.Chr. an der Stelle des uralten Sonnenheiligtums den Felsendom als Gedächtnisstätte der Himmelfahrt Mohammeds.

104

Salomo regiert in Jerusalem (➛ 103, 126)

Unter seiner Herrschaft entwickelt sich Juda zum Staat. Nach biblischer Darstellung unterhält Salomo Schreiber, Heerführer, Hofpropheten und einen Oberpriester. Seine konkurrierenden Brüder, die Vertreter der judäischen Landpartei, lässt er im Interesse der alten Stadtaristokratie umbringen. Andererseits integriert er den Wetter- und Kriegsgott JHWH in das alte Sonnenheiligtum der Stadt Jerusalem, dessen Dedikationsinschrift möglicherweise in der griechischen Bibel erhalten geblieben ist: »Die Sonne(ngottheit) hat am Himmel kundgetan: JHWH beabsichtigt im Wolkendunkel zu wohnen. Gebaut, ja gebaut habe ich ein Haus der Herrschaft für dich, eine Stätte für dein Wohnen für immer« (1Kön 8,12f). Salomo lässt auch Städte bauen wie das untere Bet-Horon, Baalat, Tamar und Geser (1Kön 9,17), letzteres eine tradtionsreiche Kanaanäerstadt.

103

Das Königreich Israel

»Wie lange hinket ihr auf beiden Seiten? Ist JHWH Gott, so wandelt ihm nach, ist's aber Baal, so wandelt ihm nach.« (1Kön 18,21b)

Die Verhältnisse des Nordreiches Israel waren schwierig, wie besonders anschaulich die biblischen Elija-Geschichten zeigen. Innenpolitisch lagen sich konservativ-ländliche und progressiv-städtische Bevölkerungsgruppen in den Haaren. Bauern im Hinterland hingen an den herkömmlichen föderalistischen Stammesstrukturen des Landes: Ihre Autoritäten waren Sippenhäupter und charismatische Propheten ohne festen Wohnsitz; ihr Gott war JHWH. Das Interesse städtischer Händler hingegen galt sicheren Straßen und starken Städten mit zentralistischer Verwaltung unter der Führung eines Königs; ihr göttlicher Garant war ein dem Baalskult angeglichener JHWH. Außenpolitisch schmiedeten die Städter Bündnisse mit den mächtigen phönizischen Handelsstädten, denen sie in jeder Beziehung nacheiferten. Isebel, die Frau Ahabs, war eine tyrische Prinzessin. Die ausgebeuteten Bauern suchten den Kontakt mit ihren aramäischen Verwandten im Nordosten und stürzten mit Hilfe von JHWH-Propheten die Dynastien von Samaria und Damaskus, um eigene Leute an die Macht zu bringen.

105

Malereien und Inschriften auf einem Wasserkrug der Karawanenstation Kuntillet Adschrud im Negev appellieren an eine ganze Reihe verschiedener Schutz- und Segensmächte: zwei Bes-Gestalten (➛163), eine säugende Kuh (➛25; 76) sowie (hier nicht abgebildet) ein Pferd, ein Wildschwein, Löwen und Ziegen am Lebensbaum. In der Inschrift wird von einem Unbekannten der Segen JHWHs von Samaria und seiner Aschera auf vier Freunde herabgerufen.

106

Stempelsiegel aus Sichem

Die Sphinx ist ursprünglich ägyptischer Herkunft. Sie wird ins vorderasiatische Bildrepertoire übernommen und dort mit Flügeln versehen. In Israel wird dieses Mischwesen bevorzugt mit einem Falkenkopf dargestellt; dieser verweist wie die Scheibe über dem Kopf und die Flügelsonnen auf die Sonne als Erscheinungsform göttlicher Majestät (vgl. Ps 50,1; 113,3 und Mal 1,11; 3,20).

107

Sichem (Tell Balata),

eine Levitenstadt und ein altes religiöses Zentrum, wird die erste Hauptstadt im Nordreich Israel (1Kön 12). Die Überlieferung verbindet Abraham (Gen 12,6), Jakob (Gen 33,18ff; 35,1-4), Josef (Gen 37,12-17) und Josua (Jos 24) mit der Stadt.

108

Megiddo (Tell el-Mutesellim)

In dieser wichtigen militärischen Bastion, die am Rand der Jesreelebene den bedeutendsten Karmelpass bewacht (➛62), leben kanaanäische Traditionen fort (Jos 17, 11-13; Ri 1,27f). Nach 2Kön 9,27 sucht der verletzte König Ahasja von Juda vor Jehu in dieser Stadt Zuflucht. Ein Teil der Bevölkerung scheint die Revolte im Namen JHWHs nicht zu unterstützen.

109

Siegel eines hohen Beamten

Jerobeams II. aus Megiddo namens Schem'a. Das auf nordwestsemitischen Namenssiegeln beliebte Motiv des brüllenden Löwen stammt aus dem aramäischen Raum.

110

Israel und Aram-Damaskus

I *Unterstützt vom Südreich Juda fällt Ben-Hadad I. zur Zeit Baschas in Israel ein (1Kön 15,18-20). Omri verliert die Städte des Ostjordanlandes und muss den Damaszenern die Eröffnung von Handelskontoren in Samaria zugestehen.*

II *Omris Sohn Ahab vereitelt in den sog. Aramäerkriegen (1Kön 20–22) ein weiteres Vordringen der Aramäer unter Hadad-Eser in der Schlacht bei Afek, unterstützt Damaskus aber im Kampf gegen die Assyrer bei Karkar (853 v.Chr.). Er eröffnet seinerseits Handelskontore in Damaskus.*

III *Um 840 v.Chr. gelangen jeweils durch einen blutigen Putsch zwei Vertreter der Landpartei an die Macht: Hasaël in Damaskus und Jehu in Samaria (vgl. 1Kön 19,15f; 2Kön 8,7-15; 9f). Diese von JHWH-Propheten geförderte Politik verhindert nicht, dass Jehu dem Assyrer Salmanassar III. Tribut leisten muss (➛118) und dann unter die Vorherrschaft der Aramäer gelangt. Hasaël dringt bis Gat vor.*

IV *Nach dem Tod Hasaëls gerät Aram unter assyrischen Druck, und Israel kann sich aus der Abhängigkeit von Damaskus lösen (2Kön 13,4.22-25). Joasch gewinnt das Ostjordanland zurück, und Jerobeam II. kontrolliert das Land bis in die Gegend von Damaskus.*

V *In einer letzten Phase wird Israels Vorherrschaft durch innere Unruhen aufgeweicht. Aram und Israel schließen einen Bund gegen Assur, in den sie Juda mit Gewalt einbinden möchten (2Kön 16,5). Juda schlägt sich aber auf die Seite der Assyrer, die 734 v.Chr. Damaskus und 722 v.Chr. Samaria erobern und in ihr Reich eingliedern (➛ K-27a).*

K-26

Die Könige Israels
Jerobeam I. 931–910
Nadab 910–909
Bascha 909–886
Ela 886–885
Simri 885
Omri 885–874
Ahab 874–853
Ahasja 853–852
Joram 852–841
Jehu 841–814
Joahas 814–798
Joasch 798–782
Jerobeam II. 782–747
Secharja; Schallum 747
Menahem 747–742
Pekachja 742–740
Pekach 740–732
Hoschea 732–722

111

Tirza (Tell el-Far ͑a Nord)

ist wie Sichem eine alte Stadt. Jerobeam macht sie zur neuen Residenz (vgl. 1Kön 14,17), weil er sich in Sichem vielleicht nicht sicher fühlt. Die kurze, krisenreiche Blütezeit Tirzas zeigt sich archäologisch u.a. in unvollendeten Prunkhäusern.

112

Terrakottafragment einer paukenschlagenden Frau aus Tirza

Während Figuren von nackten Göttinnen (➛136) in der Königszeit allmählich verschwinden, tauchen nun solche ihrer Verehrerinnen auf. Figuren dieser Art dienten dem Hauskult.

113

Der Tempelbezirk von Dan (Tell el-Qadi)

ganz im Norden des Landes befindet sich über einer starken Jordanquelle. Hier liegt eines von zwei aus politischen Gründen (1Kön 12,26-33) staatlich unterstützten Grenzheiligtümern Israels; das andere steht in Bet-El. Wie die Priester von Jerusalem beanspruchen jene von Dan eine Abkunft von Mose (Ri 18,30).

Elfenbeine aus Samaria

Das Motiv der Frau am Fenster ist in Vorderasien beheimatet. Ob das Gesicht im Tempelfensterchen einer Göttin oder ihrer menschlichen Repräsentantin (vgl. 2Kön 9,30) gehört, ist umstritten. Im Sprüchebuch wird diese einladende Pose in polemischer Weise »Frau Torheit« zugeordnet (Spr 9,14).

115

114

Typisch für ***das phönizisch-israelitische Kunsthandwerk der Königszeit*** ist die Integration ägyptischer Motive. Dabei ist eine Vorliebe für die Sonnensymbolik festzustellen, die für Baal und JHWH in Anspruch genommen wurde. Auf einem Elfenbein aus Samaria beschützen Isis und Nephtys einen Dschedpfeiler. Verweist dieser auf den Unterweltgott Osiris, so die Sonnen über dem Pfeiler und den Göttinnen auf den Sonnengott Re. Eine Kombination der beiden Gottheiten lässt sich in Ägypten schon im 13. Jh. v.Chr. belegen.

Samaria (Sebaste)

ist im Gegensatz zu Sichem und Tirza eine Neugründung. Nach dem gewaltsamen Tod seiner Vorgänger kauft Omri das Land für zwei Talente Silber (1Kön 16,23f) und baut darauf eine moderne Residenz nach phönizischem Vorbild und einen großen Tempel.

116

Die Herrschaft der Assyrer

»Wehe Assur, der meines Zornes Rute und meines Grimmes Stecken ist! Ich sende ihn wider ein gottloses Volk und gebe ihm Befehl wider das Volk, dem ich zürne, dass er's beraube und ausplündere und es zertrete wie Dreck auf der Gasse. Aber er meint's nicht so, und sein Herz denkt nicht so, sondern sein Sinn steht danach, zu vertilgen und auszurotten nicht wenige Völker.« (Jes 10,5-7)

Assur ist zunächst der Name einer Stadt und ihres Schutzgottes am oberen Tigris. Die Selbstbehauptung gegen benachbarte Berg- und Steppenbewohner begünstigte eine Militarisierung der Gesellschaft. Mehrfach in der Geschichte gelang es den Stadtherren, ihr Umfeld zu einem Reich zu erweitern. Nach den Blüten des altassyrischen Reiches (19./18. Jh. v.Chr.) und des mittelassyrischen Reiches (14. Jh. v. Chr.) entstand im 8./7. Jh. v.Chr. ein Imperium, das sich vom persischen Golf bis nach Ägypten ausdehnte. Grausame Kriegsführung, systematische Völkerdeportationen und politischer Zentralismus charakterisierten ein Reich, das in Israel und Juda vor allem als Militärmacht gefürchtet war. Im Rahmen der assyrischen Expansion eroberte Salmanassar V. im Jahr 722 v.Chr. Samaria; das Nordreich Israel wurde zur assyrischen Provinz Samerina. Der nichtdeportierte Rest der Bevölkerung blieb beim traditionellen JHWH-Glauben, wurde von der judäischen Geschichtsschreibung aber des Synkretismus mit neuangesiedelten Völkern aus Babylonien, Aram und Arabien bezichtigt (2Kön 17).

Die Ruinen der Stadt Ninive (assyr. *ninua*) bei der Stadt Mosul am Tigris im Nordiraq vermögen noch heute einen Eindruck der einstigen Größe (vgl. Jona 3,1ff) zu vermitteln. Nach biblischen Vorstellungen ist Ninive vom Urzeithelden Nimrod erbaut worden (Gen 10,11). Sanherib macht die Stadt zur Metropole des assyrischen Großreiches; unter Assurbanipal umfasst ihr Gebiet 664 ha. Der Prophet Nahum sagt in seinen Liedern den Untergang der Stadt voraus, die 612 v.Chr. durch Meder und Babylonier verwüstet wird.

117

118

Schwarzer Obelisk aus Nimrud (Ausschnitt)

Salmanassar III. lässt sich als Friedensherrscher feiern, der der ganzen Welt Stabilität garantiert. Zu diesem Zweck lässt er zwei Könige fremder Länder darstellen, die sich ihm freiwillig unterworfen haben: Sua von Gilzanu aus dem äußersten Nordosten und »Jehu, Sohn Omris« (= König vom »Haus Omri«, d.i. Israel) aus dem äußersten Südwesten seines Herrschaftsbereiches.

Die stark stilisierte Darstellung, auf der die beiden aus so unterschiedlichen Ländern stammenden Könige genau gleich dargestellt werden, lässt keine Rückschlüsse auf Kleidung oder gar Aussehen des israelitischen Königs zu.

119

Sieges- und Thronfolgestele Asarhaddons

aus der Torkammer des äußeren Zitadelltores von Sam'al (Zincirli). Der König, flankiert von den beiden Kronprinzen, hält zwei Feinde an Zaumseilen, deren Ringe durch die Lippen der Unterworfenen gezogen sind, und betet zu seinen Göttern. Eine Stele dieser Art ließ der Herrscher nach seinem erfolgreichen Ägyptenfeldzug vielleicht auch in Jerusalem »zu staunendem Betrachten durch alle Feinde« aufstellen. Bei Jesaja findet sich die Reaktion JHWHs angesichts dieses Bildes: »Weil du nun gegen mich tobst und dein Stolz vor meine Ohren gekommen ist, will ich dir meinen Ring in die Nase legen und meinen Zaum in dein Maul und will dich den Weg wieder heimführen, den du gekommen bist« (Jes 37,29).

Relief Tiglat-Pilesers III. aus Ninive

122

734 v.Chr. erobert Tiglat-Pileser die wichtige Handelsstadt Gaza (→ K-27a). Er lässt die Götterbilder der Stadt deportieren (linke Szene) und durch ein vergoldetes Stelenbild

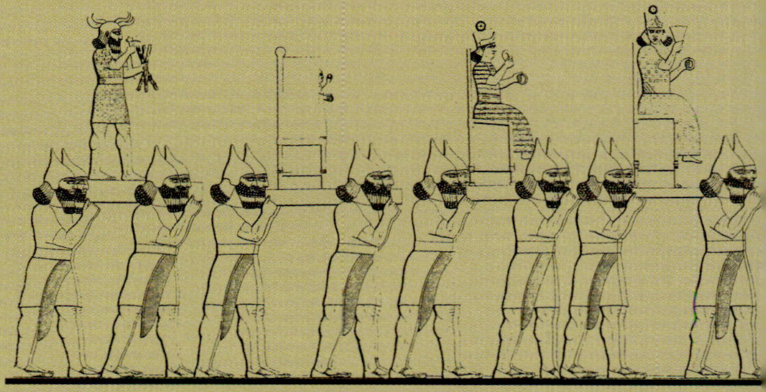

120

Assyrische Stadt und Zitadelle

Sargon II. baut sich mit Dur-Scharrukin eine neue Residenz, »einen Palast ohne Rivalen«, um sich einen Namen zu machen, und versucht die deportierten Völker des rasch wachsenden Großreichs zu einen: »Untertanen aus den vier Himmelsrichtungen mit fremder Sprache, Rede ohne Harmonie (...), die ich erbeutet hatte, ließ ich eine Rede führen.« Die israelitischen Beobachter kommentieren diese moderne Methode der Weltherrschaft mit dem Mythos der babylonischen Sprachverwirrung (Gen 11,1-9): »Wohlauf, sagt JHWH, lasst uns herniederfahren und dort ihre Sprache verwirren, dass keiner des andern Sprache verstehe!«

seiner Majestät (➛119) ersetzen. Chanun, der Fürst von Gaza, wurde nach einer symbolischen Tötung durch den als Priester agierenden König (vgl. Kette mit Göttersymbolen!) wieder eingesetzt, um die wichtige, außerhalb des assyrischen Provinzialsystems gelegene Zollstation nach Ägypten hin als treuer Vasall Assurs zu verwalten.

Verehrung der Himmelskönigin Ischtar als Göttin im Strahlenkranz

auf einem assyrischen Rollsiegel aus Palästina. Die Menschen Palästinas können sich dem Einfluss und der Faszination der assyrischen Götterwelt nicht entziehen. König Ahas lässt im Tempel von Jerusalem einen Altar nach assyrischem Vorbild aufstellen (2Kön 16,11-16). Der »Himmelskönigin«, wohl eine Verbindung von Ischtar und Aschera, werden im Rahmen eines Familienkultes Trankopfer dargebracht und Aschekuchen gebacken. Jeremia missbilligt diesen unkontrollierbaren Sippenkult, die Gläubigen der Himmelskönigin führen den Untergang Judas hingegen auf deren Vernachlässigung zurück: »Seit der Zeit, da wir es unterlassen haben, der Himmelskönigin zu opfern und Trankopfer darzubringen, haben wir an allem Mangel gelitten und sind durch Schwert und Hunger umgekommen« (Jer 44,18).

121

Das Königreich Juda

»Juda, du bist's! Dich werden deine Brüder preisen. Deine Hand wird deinen Feinden auf dem Nacken sein, vor dir werden deines Vaters Söhne sich verneigen.«
(Gen 49,8)

Im Schutze des hügeligen Berglandes und der mächtigen ägyptischen Nachbarn, abseits der großen Handels- und Kriegsstraßen, vermochte das Südreich Juda dem Kolonialismus der Nordvölker länger zu trotzen als der nördliche Bruderstaat.

Die Bevölkerung war einheitlicher und traditionalistischer als die Israels, das Gefälle zwischen Arm und Reich kleiner. Das einflussreiche Landvolk stand hinter einem relativ schwachen Königtum, sodass sich die rentenkapitalistische Ausbeutung in Juda in Grenzen hielt. Die Sprichwörter dieses auf familiären Grundbesitz bedachten Landvolkes, die Worte ihrer prophetischen Mahner, die Gesänge und Rituale ihrer Leviten und Priester und die Rechtssätze ihrer Ältesten und Richter sind im Alten Testament in einzigartiger Weise überliefert.

123

Geschichte Judas
I *Staatliche Strukturen erhält Juda wohl unter Rehabeam, nach Vorbereitungen unter Salomo, spätestens aber unter Joschafat, der eine Heeres- und Rechtsreform durchführt. Das Territorium bleibt allerdings klein. Joschafat vermag sich zwar gegen die Edomiter durchzusetzen, seine militärischen Unternehmungen im Ostjordanland mit Ahab und Joram von Israel bleiben aber erfolglos.*
II *Auseinandersetzungen mit dem Bruderstaat Israel und damit verbundene religionspolitische Kämpfe: Unter dem »frommen« Jehu werden davidische Prinzen umgebracht. Eine Tempelreform im phönizischen Geist scheitert am Widerstand der Jerusalemer Priesterschaft. Unter Joasch wird der traditionelle JHWH-Tempel restauriert. Sein Sohn Amazja scheitert seinerseits beim Versuch, die Grenzen des Landes nach Norden zu erweitern.*
III *Während der langen Regierungszeit Usijas erlebt Juda die größte Blüte. Es kontrolliert den Handel im Süden bis zum Roten Meer. Der wachsende Wohlstand führt auch in Juda zu einer von den Propheten Micha und Jesaja scharf kritisierten Klassenbildung. Ahas verbündet sich gegen die nördlichen Brudervölker mit dem assyrischen König, reformiert den Jerusalemer Kult im assyrischen Geiste und verhindert so eine assyrische Eroberung.*
IV *Assyrische Hegemonie: Unter Hiskija, der vom Untergang des Nordreiches profitiert und sich in Thronwirren im philistäischen Ekron einmischt, entgeht Jerusalem mit knapper Not der Eroberung durch Sanheribs Heer. Sein Sohn Manasse toleriert Kulte aller Art, sichert dem Land aber durch sein Arrangement mit den Assyrern eine lange Friedenszeit. Zu seiner Zeit überschreitet Assur den Zenit seiner Macht, die rasch zerfällt. Joschija führt, unterstützt vom Landvolk und einem Teil seiner Beamtenschaft, eine rigorose JHWH-Reform durch, wird aber 609 v.Chr. in Megiddo vom ägyptischen Pharao Necho II. getötet.*
V *Zum neubabylonischen Epilog vgl. das folgende Kapitel.*

K-28

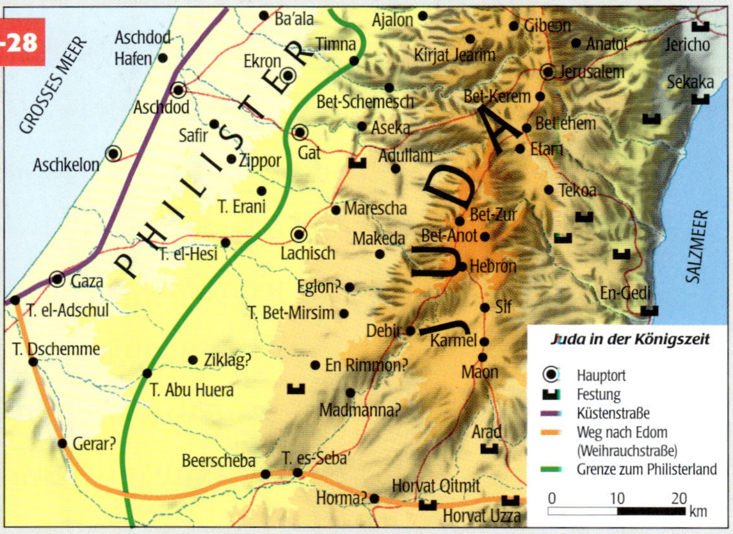

lmlk-Stempel auf Vorratskrughenkeln

124

wurden in Juda rund zweitausend zutage gefördert. Sie bezeichnen Krongut, das an vier verschiedenen Orten aufbewahrt wird. Die Ortsnamen (hier *swkh*, Socho) stehen jeweils unter dem königlichen Wappen, das entweder aus einem geflügelten Skarabäus oder einer geflügelten Sonnenscheibe besteht. Die Motive zeigen, wie vertraut Judäerinnen und Judäer mit ägyptischen Symbolen waren.

Lachisch

ist die zweitgrößte Stadt Judas, die stark befestigte Garnisonsstadt in der Schefela (»Niederland«), einem Gebiet mit sanften Hügeln und fruchtbaren Tälern zwischen Küste und Hügelland. Hier, in der Heimatregion des Propheten Micha, verläuft die Grenze zum Philisterland, die durch eine Kette von Festungen geschützt wird.

128

Haram el-Chalil, die Erzelterngräber zu Hebron im Herzen des judäischen Berglandes

Der Bau geht auf Herodes d. Gr. zurück. Die Legende vom Kauf der Grabhöhlen durch Abraham (Gen 23) wird in nachexilischer Zeit aufgeschrieben, als Hebron edomitisch ist (➛K-31). Doch scheint Kirjat Arba, »die Stadt der Vier« (Geschlechter; vgl. 1Chr 2,18f; 2,43), wie Hebron auch genannt wurde (Jos 14,15; Ri 1,10), schon früher ein wichtiges Heiligtum besessen zu haben (vgl. 2Sam 15,7) und eine levitische Asylstadt gewesen zu sein (Jos 20,7; 21,13). In Hebron lässt sich David zum König salben (➛102).

129

K-29

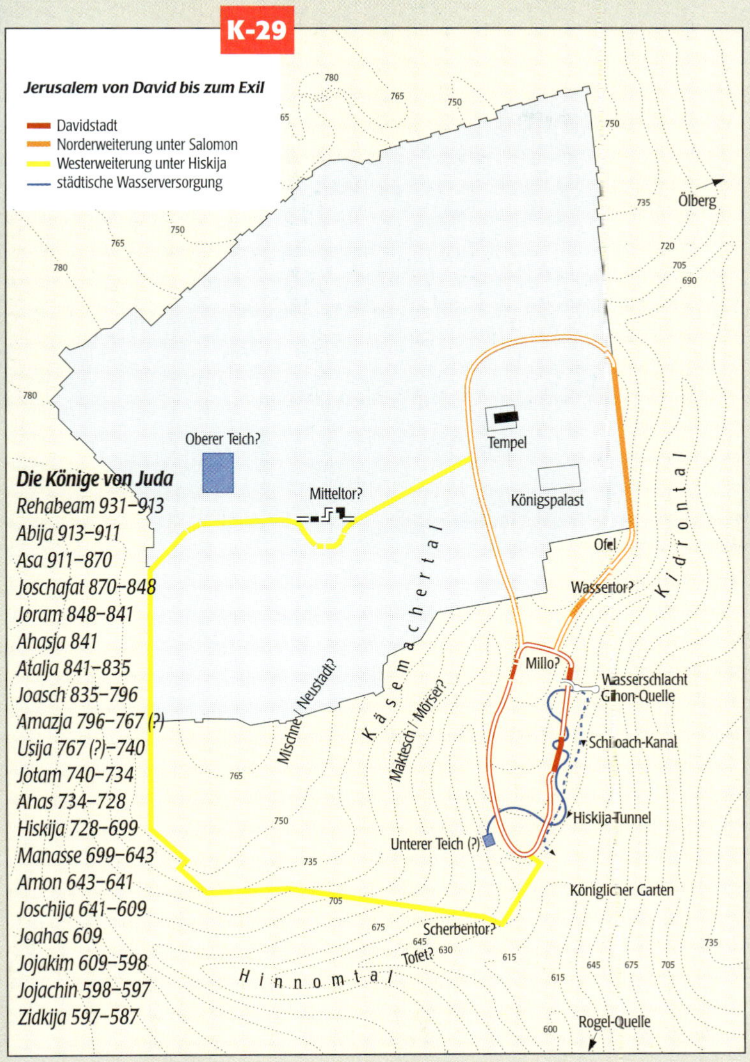

127

Die theologische Bedeutung Jerusalems ist enorm

Der Name bedeutet »Gründung (des Gottes) der Abenddämmerung (schalim)«. Später wird er volkstümlich als »Stadt des Friedens (schalom)« gedeutet. Die Tatsache, dass Jerusalem den assyrischen Kolonialismus, besonders den Feldzug Sanheribs (➛33; K-27a) heil überlebt, lässt die Stadt Späteren als uneinnehmbare Festung JHWHs, des Einzigen (2Kön 19,19), erscheinen, der seit Joschija in Jerusalem in exklusiver Weise verehrt wird (Dtn 12). Die Zerstörung der Stadt unter Nebukadnezzar fördert diese Tendenz sogar. JHWH wird zum monotheistisch verehrten Weltengott (Jes 43,10) und seine Stadt, die Tochter Zion, zur auserwählten, mystisch verklärten Braut (Jes 62), ja zum Zentrum der ganzen Welt (Jes 60; ➛103f;126).

Die Jebusiterstadt Jerusalem

die David erobert, liegt auf einem Felsrücken zwischen Kidron- und Käsemachertal, über der ganzjährig fließenden Gihonquelle. Unter den Königen Hiskija, Manasse und Joschija wird die Stadt beträchtlich Richtung Nordwesten erweitert. Mit dem Wassertunnel Hiskijas liegt ein einzigartig erhaltenes Architekturdenkmal vor (K-11). In einer Grabanlage (7. Jh. v.Chr.) des Hinnomtales wurde der bislang älteste, archäologisch bezeugte biblische Text ausgegraben: zwei Versionen des sog. aaronitischen Segens (Num 6,24-26), geschrieben auf Silberröllchen, die den Toten als Amulett ins Grab mitgegeben wurden.

126

Judäische Knochensiegel

in primitivster Ritztechnik und billigstem Material mit typischen rechteckigen bis quadratischen Formen. Diese provinziellen Siegelamulette aus dem 9. Jh. v.Chr., die auch tatsächlich zum Siegeln verwendet wurden, wie ein Abdruck belegt, schließen in konservativer Manier an ein Hauptthema des ägyptischen Neuen Reiches (➛67) an: Schutz für den königlichen Namen (vgl. 2Sam 7,9; Ps 72,17). Die abgebildeten Beispiele zeigen einen stilisierten Vogel (Horusfalke), einen schreitenden Löwen (König) über einer menschlichen Gestalt (Feind), eine Menschenfigur mit erhobenem rechtem Arm vor einer Kartusche (Segen für den königlichen Namen) und einen von Uräen flankierten, stilisierten Baum.

125

Die judäische Festung von Arad

Durch den Negev führen wichtige Handelswege, die die Weihrauchstraße und die Königsstraße mit Gaza am Mittelmeer verbinden. Juda und Edom streiten sich jahrhundertelang um Anteile an diesem lukrativen Handel (➛84f). Eine ganze Reihe von Festungen zeugen vom Bemühen der Judäer, die Region zu kontrollieren. In der Festung von Arad wurde erstmals ein JHWH-Heiligtum außerhalb Jerusalems entdeckt. Es enthält nebst einem Brandopferaltar aus unbehauenen Steinen (vgl. Ex 20,25f) eine Cella mit Steinstelen (von denen eine rot bemalt ist) und Rauchopferaltärchen. Ob das Heiligtum der Kultreform Joschijas zum Opfer fiel, ist fraglich.

130

Die Oase von En-Gedi

Der wasserreiche, paradiesische Ort am Westufer des Toten Meeres beherbergt bereits im 4. Jt. v.Chr. ein Heiligtum, dessen Kupferschatz im nahen Nachal Mischmar in einer Höhle gefunden wurde. David verschanzt sich in den schwer zugänglichen Bergen von En-Gedi vor Saul, dem er hier einen Zipfel des Gewandes abgeschnitten haben soll, als jener seine Notdurft verrichtete (1Sam 24). Die judäischen Könige bauen später in der Oase Palmen (Sir 24, 14), Henna (Hld 1,13f) und den kostbaren Balsam an, den sie am Ort zu Parfüm verarbeiten lassen.

131

Babylonische Vorherrschaft und Exil

»Israel war eine zerstreute Herde, die die Löwen verscheucht haben. Zuerst fraß sie der König von Assyrien, danach nagte ihre Knochen ab Nebukadnezzar, der König von Babel.« (Jer 50,17)

Lange Zeit Pufferstaat zwischen den beiden Großmächten Ägypten und Babylonien, wurde Juda zu Beginn des 6. Jh. v.Chr. aufgerieben. Im Vertrauen auf die Stärke Ägyptens wagte die judäische Elite gegen den Rat Jeremias den Aufstand gegen die Chaldäer, büßte es aber mit der Zerstörung Jerusalems und der Deportation ins babylonische Exil. In Juda hatte das Verschwinden der kulturtragenden Schicht zur Folge, dass sich babylonische, aramäische, ägyptische und griechische Kultureinflüsse in bunter Weise ausbreiten konnten. Die Gola (Exil) brachte die judäische Kultur aber nicht zum Verschwinden, sondern leitete die Geburt des Judentums ein, einer monotheistischen Religion, die vom Gedanken an Umkehr und Rückkehr zur Tochter Zion beseelt ist. Babylon, der Hammer der Züchtigung unfolgsamer Völker in Gottes Hand (Jer 51,20), wurde selber zur Beute anderer Völker, was die Propheten Judas als Beschluss JHWHs verkündeten: »JHWH hat den Mut der Könige von Medien erweckt; denn seine Gedanken stehen wider Babel, dass er es verderbe« (Jer 51,11). 539 v.Chr. öffnete die babylonische Priesterschaft dem Perserkönig Kyrus die Tore.

133

Mizpa (Tell en-Nasbe)

Nach der Zerstörung Jerusalems durch die Babylonier wird hier Gedalja, Sohn Ahikams und Enkel Schafans, als Statthalter eingesetzt, aber schon wenig später von der ägyptenfreundlichen Partei umgebracht, die daraufhin ins Land am Nil flieht.

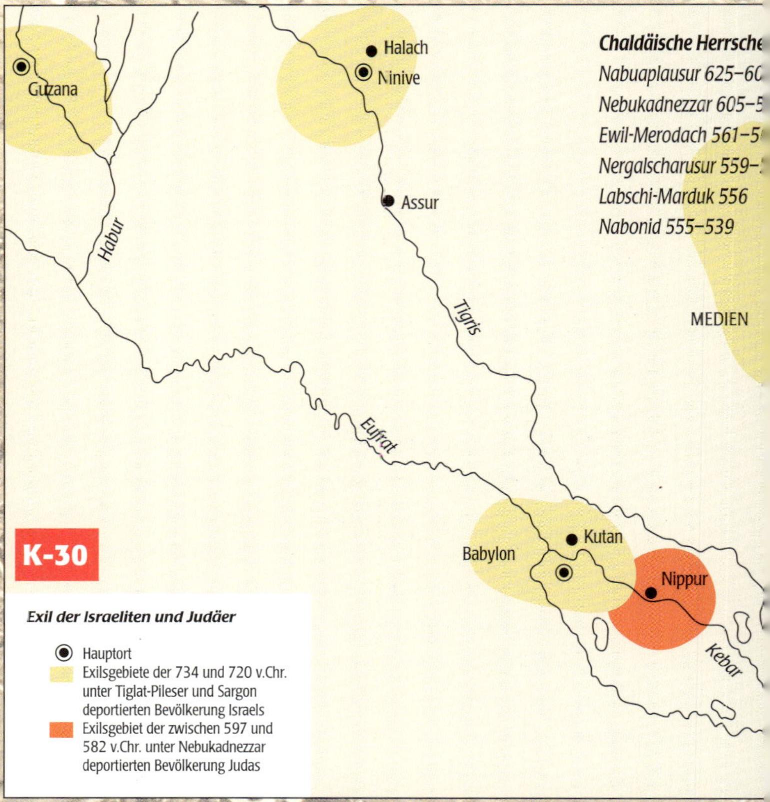

K-30

139

Marduk (Spaten), der Stadtgott Babels, und Nabu (Griffel), der Schreibergott, werden auf diesem Stempelsiegelabdruck in Standarten vergegenwärtigt. Sie zeigen an, worauf die Macht der Neubabylonier gründete: Stadtherrschaft und Administration. Siegel dieser Art besitzen in Juda Menschen, die mit der babylonischen Verwaltung in Verbindung stehen.

138

Bel und der Drache. «Nebukadnezzar...hat mich verschlungen wie ein Drache (hebr. *tannin*), er hat seinen Bauch gefüllt mit meinen Kostbarkeiten...« (Jer 51,34). Noch Jahrhunderte nach Babels Fall wird Bel/Marduk im riesigen Stadttempel von Palmyra verehrt. Eine satirische Geschichte im Buch Daniel (Dan 14) versucht, den Schlangenkult des Gottes lächerlich zu machen.

140

Der ***Mondkult***, (➛92) ist im ganzen Orient verbreitet und erfreut sich großer Beliebtheit. Nabonid, der letzte König Babylons, lässt den alten Tempel von Haran renovieren und reich ausstatten. Das Stempelsiegel zeigt die Mondstandarte von Haran mit den Troddeln am Sichelmond.

141

Die ***den Horusknaben stillende Isis*** dominiert unter den ägyptischen Motiven in Palästina. Diese Mutterikone verdrängt nach und nach alle anderen Bilder der Göttin. Es ist das große Vorbild der späteren Marienbilder und zeugt von einer Gesellschaft, die die Frauen immer stärker auf ihre Mutterrollen festlegt.

142

Siegel des »Jaasanja, Diener des Königs«. Es könnte jenem »Jaasanja, Sohn des Maachatiters« gehört haben, der zusammen mit anderen Vornehmen Judäern dem von den Babyloniern in Mizpa (➛133) eingesetzten Stadthalter Gedalja die Referenz erwies (2Kön 25,23). Nach Spr 30,31 wird der Hahn als Symbol königlicher Majestät aufgefasst.

143

143–145

Während Griechenland seine wichtigsten Göttertypen dem Orient verdankte, exportiert der Westen ***die Idee des vergöttlichten Mannes*** in der Gestalt von Herakles, der allerdings seinerseits die griechische Variante einer alten orientalischen Vorlage darstellt, des haarigen Tierbezwingers (vgl. Simson!). Je

132

Chronik des Untergangs von Juda

I Das judäische Landvolk bestimmt zunächst Joahas zum Nachfolger Joschijas. Pharao Necho setzt jedoch Joahas wieder ab und inthronisiert dessen Bruder Eljakim, der fortan den Thronnamen Jojakim trägt und vom Pharao hohe Steuern auferlegt bekommt. 605 v.Chr. verliert der Pharao in der Schlacht bei Karkemisch seine Vorherrschaft über Syrien an die Babylonier.

II Jojakim verweigert den Babyloniern nach deren gescheitertem Ägyptenfeldzug 601 v.Chr. die Gefolgschaft. Unter seinem Nachfolger Jojachin wird Jerusalem 593/97 v.Chr. von babylonischen Truppen belagert. Der König ergibt sich und kann dadurch die Zerstörung der Stadt verhindern, nicht aber die Plünderung des Tempels. Er wird zusammen mit der Oberschicht des Landes, zu der auch der Priesterprophet Ezechiel gehört, deportiert und verbringt den Rest seines Lebens als babylonischer Staatsgefangener am Hof Nebukadnezzars. Die deportierten Judäer(innen) werden im Umland von Nippur (K-30) angesiedelt.

III Jojachins Onkel Mattanja wird unter dem Namen Zidkija König von Juda. Trotz dringender Warnungen Jeremias fällt er im Vertrauen auf ägyptische Militärhilfe wieder von den Babyloniern ab. 587/86 v.Chr. wird Jerusalem erneut erobert und vollständig zerstört. Ein Fluchtversuch des Königs scheitert. Sein Hofstaat wird in Ribla, dem Hauptquartier Nebukadnezzars, hingerichtet, er selber geblendet.

IV Gedalja, Judäer aus vornehmem Haus, wird als babylonischer Statthalter über Juda eingesetzt. Er residiert in Mizpa, wird aber nach kurzer Zeit von antibabylonischen Extremisten unter der Führung Jischmael ben Netanjahus umgebracht. Die Opponenten fliehen ins ägyptische Exil.

134

Deportationsszene mit Frauen und Kindern auf einem assyrischen Relief. Auf dem Tel Abib (»Ährenhügel«) am Kanal Kebar (Ez 3,15) und an weiteren Orten werden die aus Jerusalem deportierten Judäer(innen) (weniger als 10 % der Gesamtbevölkerung) angesiedelt. Sie führen ein selbstverwaltetes Leben mit bescheidenem Wohlstand. Der Schock des Exils führt zu einer enormen literarischen Produktion, die Eingang in die Heiligen Schriften der Juden findet. Die Abkömmlinge der Exulanten bleiben über Jahrhunderte die tonangebende Gruppe im Judentum. Ihnen verdankt es den Talmud.

135

Rekonstruktion der Thronsaalfassade in Babylon

Pflanzenmuster, stilisierte Lebensbäume und Wächterlöwen in bunten, glasierten Ziegeln – typisch für die sumerisch-babylonische Architektur – verkleiden die immensen Mauern aus luftgetrockneten Ziegeln und verleihen den repräsentativen Anlagen der Metropole ein majestätisch-imperiales Gepräge. Die Blüte Babylons ist allerdings von kurzer Dauer.

Pfeilerfigürchen mit »Nährender Göttin«

Eine Haushaltsikone dieser Art besitzt im spätjudäischen Königreich fast jede Familie. Mitunter werden sie Verstorbenen ins Grab mitgegeben. Ihre Beliebtheit dürften sie Manasses Wiederbelebung einheimischer Kultbräuche verdanken, insbesondere der Errichtung eines Bildes der Aschera (2Kön 21,7), für das bis zur Kultreform unter Joschija Kleider gewoben werden (2Kön 23,6f). Seit der Regierungszeit Joschijas kommen solche Figuren allmählich außer Gebrauch.

136

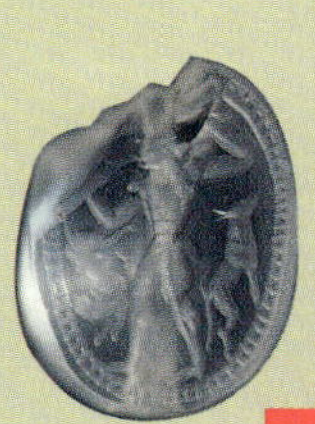

144

145

nach Region nimmt das Motiv unterschiedliche Gestalt an. Die ägyptische Variante (➛143) erscheint auf der Unterseite eines Skarabäus und verleiht dem Helden Züge des Gottes Bes (➛163). Der beschädigte Skaraboid aus Bergkristall (➛144) stammt aus dem vorderasiatischen Raum und zeigt den Helden in der traditionellen Pose des Herrn der Tiere (➛75). Das persische Rundsiegel (➛145) schließlich, das durch seine akkurate Ausführung besticht, ist den griechischen Vorlagen am nächsten. Der Mann trägt aber persische Tracht (Hosen!) und der Sichelmond verrät orientalischen Einfluss (➛140).

Judäische Reiterfigur

Während man das Pferd bisher fast ausschließlich als Zugtier von Kriegswagen verwendete, kommt im assyrischen Heer allmählich die Kavallerie auf. Der Perserkönig Darius I. lässt sich dann in Babylon als Reiter darstellen. Für Juda bedeutet das Auftauchen von Reitern Krieg und apokalyptische Katastrophen (Sach 10,5; Offb 6,2-8). Aber auch den rettenden Schutzengel aus dem Himmelsheer (Jes 13,3f) oder gar den Messias (Offb 19,11ff) stellt man sich entsprechend vor und gestaltet sie als Segensbild in Terrakotta.

137

Samerina, Jehud und das Perserreich

»So spricht der König Kyrus von Persien: Der Herr, der Gott des Himmels, hat mir alle Reiche der Erde verliehen. Er selbst hat mir aufgetragen, ihm in Jerusalem in Juda ein Haus zu bauen. Jeder unter euch, der zu seinem Volk gehört – sein Gott sei mit ihm –, der soll nach Jerusalem in Juda hinaufziehen und das Haus des Herrn, des Gottes Israels, aufbauen; denn er ist der Gott, der in Jerusalem wohnt.« (Esra 1,2f)

Der Kyrus-Nachfolger Kambyses eroberte 525 v.Chr. Ägypten, Darius festigte 521 v.Chr. die Herrschaft der Achämeniden. Die in Babylon exilierten Juden konnten mit persischer Erlaubnis heimkehren. Serubbabel, ein Enkel Jojachins, wurde Pascha (Statthalter/König?) von Jerusalem. Haggai und Sacharja propagierten den Neubau des Tempels, der 515 v.Chr. eingeweiht wird. Jehud (das ehemalige Juda) und Samerina (das ehemalige Nordreich) sind Provinzen der Satrapie »Transeufrat/Abar Nahara« (Satrapensitz ist Sidon), werden aber wohl erst auf Betreiben Nehemias hin getrennt verwaltet. Nehemia veranlasst gegen den Widerstand der benachbarten Samarier, Araber und Ammoniter den Neubau der Stadtmauer von Jerusalem (445–433 v.Chr.). Unter Artaxerxes II. promulgiert Esra, Priester und Schreiber des Gesetzes des Himmelsgottes, 398 v.Chr. die Tora (oder eine Vorstufe derselben) als verbindliches Grundgesetz der Provinz Jehud, die damit eine theokratische Verfassung erhält. Wirtschaftlich kontrollieren Tyrus und Sidon die Levante (K-31). Geld wird als Zahlungs- und Propagandamittel immer wichtiger. Um 350 v.Chr. werden die ersten judäischen Münzen geprägt.

146

Felswand von Bagastana

(»Götterort«; heute Bisutun) an der Hauptstraße von Babylon nach Ekbatana. Der Gott Ahuramazda hält dem König den Ring der Herrschaft entgegen. König Darius triumphiert über den Magier Gaumata, der sich als Kyrussohn ausgab, und neun weitere Aufständische.

147

Der Thron des persischen Großkönigs

wird von vierzehn Volksvertretern des persischen Reiches getragen, Zeichen für die Loyalität der Untertanen. In analoger, aber auch bezeichnend anders pointierter Weise heißt es in Ps 22,4 von JHWH: »Du aber thronst auf den Lobgesängen Israels.« Die Trachtenvielfalt der Männer unterstreicht die kulturelle Vielfalt der Völker im Perserreich.

148

Syrische Delegation auf der Apadanatreppe von Persepolis

Die subtile Staatsideologie der Perser – Toleranz gegenüber allen Untertanenvölker unter den Flügeln des Staatsgottes Ahuramazda – kaschiert die Tatsache, dass der Steuerdruck schwerer auf den Provinzen lastete als unter früheren Herrschaften. Ziel des Warenflusses ist das persische Zentrum. Die Tributträgerreliefs von Persepolis stellen dar, wovon Jerusalem nur träumen kann (vgl. Jes 60).

154

Athener Eule östlicher Prägung

Das erste Geld, das in Palästina in Umlauf kommt, sind Imitationen athenischer Münzen mit dem Bild der Eule, dem heiligen Tier der Athena; die abgebildete Münze ist zusätzlich mit dem semitischen Namen Abdael versehen. Während auf politischer Ebene noch die Perser dominieren, orientiert sich die Wirtschaft bereits an den Griechen (➛160).

155

Mazdaj-Münze aus Sidon

Mazdaj, Satrap über Kilikien und Transeuphratene, ist die beherrschende Gestalt in Vorderasien; er überlebt die letzten drei persischen Könige und übergibt schließlich Babylon an Alexander. Sein Name findet sich auch auf Münzen von Tarsus, Samaria und Babylon.

156

Samaritanischer Silberobolos

Der persische König bekämpft ein gehörntes und geflügeltes Huftier. Gehörnte Tiere symbolisierten damals Gott und den Menschen feindlich gesinnte Mächte (Sach 2,1-4). Die Inschrift »Schamrain« bezeichnet die Provinz bzw. ihre Hauptstadt Samaria (Esr 4,10).

157

Samaritanischer Silberobolos

Die sidonische Galeere zeigt, dass Samaria wie früher (➛95) am phönizischen Handel partizipierte. Die beiden althebräischen Buchstaben SN über dem Motiv stehen vielleicht für Sanballat III., einen Abkömmling des im Nehemiabuch mehrfach genannten Dynasten von Samaria aus dem 5. Jh. v.Chr.

158

Jehud-Drachme

JHWH wird durch den bärtigen Mann des Zeustyps mit Falke als höchster Gott, durch den Beskopf (➛161, 163) als pantheistischer Gott und durch das Flügelrad (vgl. Ez 10,16.19) als allgegenwärtiger Himmelsgott charakterisiert. Großartigeres lässt sich in der damaligen Bildsprache nicht ausdrücken.

149

150

151

Persische (achämenidische) Großkönige
Kyrus (559) 539–530
Kambyses II. 530–522
Darius I. 522–486
Xerxes 486–465
Artaxerxes I. 464–423
Darius II. 423–404
Artaxerxes II. 404–359/8
Artaxerxes III. 359/8–338/7
Arses 338/7–336
Darius III. 336–331/30

Statthalter von Juda/Jehud
Gedalja 586
Scheschbazzar 538
Serubbabel 520/515
Elnatan, Jehoeser, Achsai,
Nehemia 445–433
Bagoas 408
Jechesqijahu (Hiskija) 330

Statthalter von Samerina,
Mitredat, Rechum, Sanballat I., Delaja (Schelemja), Sanballat II., Jesaja/Joschua, Chananja, Sanballat III.

Phönizische Tonsarkophage aus Tartus

Im 6. Jh.v.Chr. haben die Phönizier die ersten Steinsarkophage aus Ägypten importiert und wenig später Imitate hergestellt. Dabei trat die auf den Särgen dargestellte Osiris-Theologie immer mehr in den Hintergrund, während die Köpfe mehr und mehr nach griechischem Vorbild gestaltet wurden: ein bemerkenswertes Vorzeichen eines kulturellen Paradigmenwechsels in der Levante.

Ägyptische Grabstele aus Saqqara

An den Satrapensitzen kam es unter persischem Einfluss zur Herausbildung lokaler Kunststile. Der Verstorbene Dschedherbes, Sohn eines Persers und einer Ägypterin, scheint Mundschenk des persischen Satrapen gewesen zu sein (unteres Register); er wird nach ägyptischer Tradition beweint und einbalsamiert (oberes Register). Stilistische Eigentümlichkeiten (wie die Schwanzfedern und Spiralen der Flügelsonne, ➛147), Mobiliar und Geschirr sowie der Thronende im unteren Register sind perserzeitliche Neuerungen.

152

153

Tyrisches Siegel aus T. Kesan

Zahlreiche Siegel der Perserzeit zeigen (gekrönte) Helden bzw. den Perserkönig beim Bändigen von Tieren oder Mischwesen. Oftmals ist das Tier wie hier gehörnt. Das Horn (➛156) betont den aggressiven Charakter der dominierten Gestalt, die chaotische politische Mächte symbolisieren kann (vgl. Sach 2,1-4; Dan 7).

K-31

159

Aschdod-Drachme
Die großen Hafenstädte Südpalästinas haben eigene Prägungen. Die altsemitisch mit dem Stadtnamen beschriftete Münze zeigt zwei Regenerationssymbole, eine Lotosblüte und einen Ziegenbock. Letzterer gehört seit alters zur Sphäre der kanaanäischen Göttin (➛51).

160

Aschkelon-Drachme
Der Stadtname erscheint als »AN« abgekürzt neben einer Eule (➛ 154) und einem Zweig. Der Zweig ist wie der Ziegenbock (➛159) ein Symbol der kanaanäisch-philistäischen Göttin (➛19, 53) – diese Münze somit ein Versuch, Neues und Traditionelles zu verbinden.

161

Gaza-Drachme
In Gaza trifft die Weihrauchstraße auf die Küstenstraße; es ist deshalb ein zentraler Handelsplatz und somit auch eine wichtige Münzprägestätte. Die Stadtmünzen zeigen u.a. einen Januskopf, der in origineller Weise Besund Zeuskopf kombiniert (➛158) und vielleicht auf den Stadtgott Marnas zu beziehen ist.

162

Arabermünze
In Gaza gibt es eine zweite Münzautorität: die arabischen Scheichs, die die nördliche Weihrauchstraße kontrollieren. Ihre vielgestaltigen Münzen zeigen lokale Autoritäten in protobeduinischer Tracht und einen wehrfähigen Kamelreiter auf modernem Sattel vor einem Räucheraltar (➛42).

163

Philisto-arabische Münze mit Bes
Der Zwerggott Bes gehörte in Ägypten ursprünglich zum Lebensbereich von Schwangerschaft und Geburt. In der ägyptischen Spätzeit wurde er als höchste pantheistische Gottheit verehrt und brachte es auch in Palästina zur Repräsentation höchster göttlicher Segenskraft (105; 158; 161).

Das hellenistische Zeitalter

»Zu dieser Zeit traten Verräter am Gesetz in Israel auf, die viele (zum Abfall) überredeten. Sie sagten: Wir wollen einen Bund mit den fremden Völkern schließen, die rings um uns herum leben; denn seit wir uns von ihnen abgesondert haben, geht es uns schlecht.« (1Makk 1,11[12])

Bereits in jungen Jahren stirbt der Mazedonier Alexander d. Gr. (➛ 170) 323 v.Chr. Nach der Legende verteilt er auf dem Sterbebett sein Reich unter seine Offiziere. Ptolemäus erhält Ägypten, Seleukos Babylonien. Beide siedeln in ihren Hauptstädten – Alexandria in Ägypten und Antiochien am Orontes – Juden an; in Alexandria wird die hebräische Bibel ins Griechische übersetzt (Septuaginta). Palästina steht zunächst unter ptolemäischer Herrschaft; im Laufe der ptolemäisch-seleukidischen Machtkämpfe, die sich über ein ganzes Jahrhundert hinziehen, fällt es jedoch um 200 v.Chr. an die Seleukiden (➛ 164). Die fortschreitende Hellenisierung führt zu einer Spaltung des Judentums in verschiedene Lager und zur Bildung einer separatistischen Freiheitsbewegung (➛ 169). Von 143 bis 63 v.Chr. ist Judäa ein unabhängiges Königtum.

Die Syrischen Kriege 164

1. Syrischer Krieg (274–271): *Ptolemäus II. kämpft erfolgreich gegen Antiochus I. und feiert seinen Sieg triumphal in Alexandria.*

2. Syrischer Krieg (260–253): *Ptolemäus II. erleidet in Seeschlachten gegen Antiochus II. mehrere Niederlagen. Milet, Samos, Ephesus, Pamphylien und Kilikien werden seleukidisch.*

3. Syrischer Krieg (246–241): *Ptolemäus III. (➛ 173) erobert Seleukia in Pierien und Antiochia am Orontes und gelangt bis an den Eufrat.*

4. Syrischer Krieg (219–217): *Antiochus III. (➛ 174) erobert außer Dor und Sidon ganz Palästina. Doch am 22. Juni 217 siegt Ptolemäus IV. in der Schlacht bei Rafia und Koilesyrien wird wieder ptolemäisch (Friede von Naupaktos).*

5. Syrischer Krieg (202–195): *Antiochus III. erobert trotz römischem Widerspruch erneut weite Teile Palästinas und ptolemäische Städte in Kleinasien. Sidon wird seleukidisch. Ptolemäus V. heiratet Kleopatra I., die Tochter des Seleukidenkönigs.*

6. Syrischer Krieg (170–168): *Antiochus IV. (➛ 175) siegt bei Pelusion über die ptolemäische Armee. Die Intervention einer römischen Gesandtschaft verhindert die Eroberung Alexandrias und damit die seleukidische Annexion Ägyptens, das faktisch ein Vasall Roms geworden ist.*

K-32

K-33

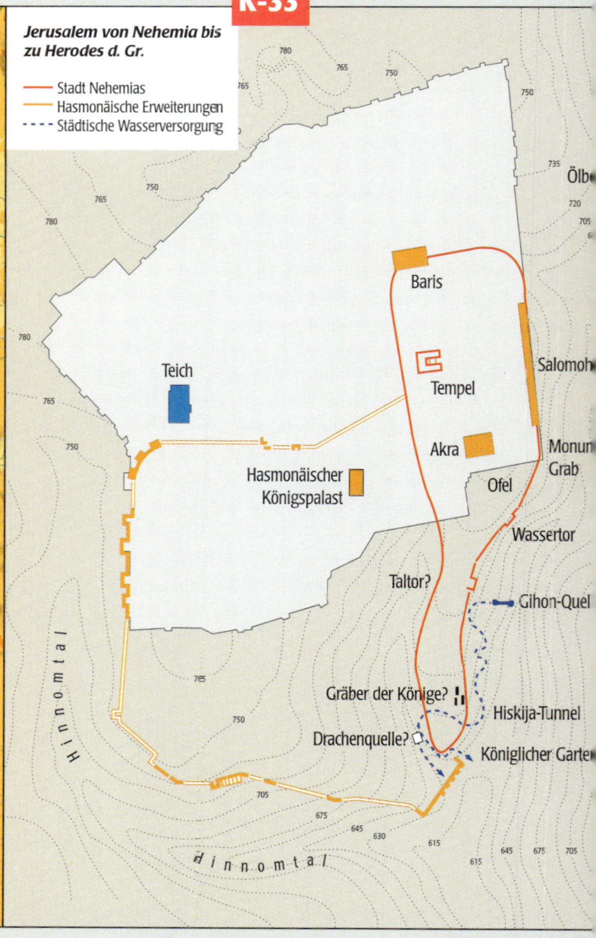

170

Alexander d. Gr. ist ein Zögling des Philosophen Aristoteles; er lässt seinen Anspruch auf die Ausplünderung der Erdvölker (1Makk 1,3) vom Amun-Orakel in der libyschen Oase Siwa bestätigen. Die Hörner von Amuns heiligem Tier, dem Widder, schmücken auf dieser Münze das Haupt des Feldherrn.

171

Ptolemaïs (Akko)
Ptolemäer und Seleukiden gründen viele Städte, teilweise an alten Orten, und nennen sie nach ihren vergöttlichten Herrschern. So wird aus Akko Ptolemaïs. Ab dem frühen 3. Jh. v.Chr. bis 268 n.Chr. prägt die Stadt eigene Münzen mit diesem Namen, der später wieder dem alten weicht.

172

Elefanten aus Indien, wie hier auf einer unter Antiochus III. geprägten Münze, werden von den Seleukiden zu Kriegszwecken an vorderster Front eingesetzt. Der Elefant ist wohl mit dem schrecklichen Tier gemeint, das in Daniels Vision vom Menschensohn die Griechenherrschaft symbolisiert (Dan 7,7).

173

Ptolemäus III., genannt **_Euergetes_** (»Wohltäter«), hier auf einer Münze aus Alexandria, rächt den Mord an seiner Schwester Berenike und ihrem Kind mit einem Kriegszug durch Syrien. Berenike, zweite Gattin von Antiochus II., hatte dessen Aussöhnung mit seiner ersten Frau Laodike mit dem Leben bezahlt (Dan 2,43; 11,6-9).

174

Unter **_Antiochus III. d. Gr._** erreichen die kriegerischen Auseinandersetzungen zwischen Ptolemäern und Seleukiden ihren Höhepunkt (Schlacht bei Paneas; ➛ 167). Palästina, das »Land der Zierde«, ist fortan seleukidisch (Dan 8,9; 11,41; vgl. Jer 3,19).

Antiochia am Chrysorrhoas (Gerasa), wohl unter Antiochus IV. als hellenistische Kolonie auf einer alten Ortslage gegründet, entwickelt sich im Verlauf der folgenden Jahrhunderte zu einer blühenden Stadt. Städtegründungen wie diese sind typisch für die griechische Art der Herrschaftsausdehnung, die auf der Ökonomie der Polis beruht.

165

Der griechische Name der Stadt, die bei den Nabatäern Garschu heißt, verschwindet in arabischer Zeit wieder.

Isistempel von Philae

Die mazedonischen Ptolemäerkönige erkennen und respektieren die Bedeutung der einheimischen Religion für die Ägypter(innen). Sie fördern landesweit die Erweiterung und den Neubau von Tempeln, die heute zu den besterhaltenen in Ägypten zählen. Der in der Spätzeit bedeutende Isis- und

166

Osiriskult findet über das Nilland hinaus Verbreitung. Sogar im Hafen von Piräus bei Athen steht ein Isisheiligtum.

Panheiligtum von Paneas (Banias) bei der ehemaligen Jordanquelle. 200 v.Chr. kommt es bei

167

Paneas zur entscheidenden Schlacht zwischen dem ptolemäischen und dem seleukidischen Heer. Antiochus III. siegt über Ptolemäus V. und wird Herr über Palästina (Dan 11,13-16). Als 4 v.Chr. Philippus Tetrarch über die nordöstlichen Gebiete des Herodesreiches (K-36) wird, gründet er bei der Jordanquelle seine Hauptstadt Cäsarea.

Skythopolis heißt in hellenistischer Zeit das alte Bet-Schean (➛64), weil dort skythische Söldner angesiedelt werden. Der Ort entwickelt sich zur bedeutendsten Stadt der Dekapolis, einem Bund freier Städte in Transjordanien, deren cisjordanisches Bindeglied Skythopolis ist. Wie in Akko (➛171) und Gerasa (➛165) verschwindet der hellenistische Name mit der hellenistischen

Herrschaft wieder. Die Griechen blieben im Orient Fremdlinge.

168

Makkabäer und Hasmonäer (167–34 v.Chr.)
Konservative Landjuden unter der Führung von Judas Makkabäus (»Hammer«), Sohn des Hasmon, wehren sich in einem Partisanenkrieg gegen die besonders unter Antiochus IV. fortschreitende Hellenisierung jüdischer Religion und Kultur, die einhergeht mit wirtschaftlicher Ausbeutung. Es gelingt ihnen 167 v.Chr., den Tempel zu besetzen. Nach dreijähriger Unterbrechung des orthodoxen Kultes erfolgt seine Neueinweihung, an die seitdem im jüdischen Chanukka-Fest erinnert wird. Als sich Jonatan, der jüngte Sohn des Makkabäus, das Hohepriesteramt aneignet, bezeichnet ihn der rechtmäßige zadokidische Hohepriester als »Frevelpriester«, setzt sich als »Lehrer der Gerechtigkeit« in die Wüste ab und gründet die Bewegung der Essener. Simon, ein weiterer Sohn des Judas, begründet als »Hoherpriester, Feldherr und Volksfürst« die Dynastie der Hasmonäer und sucht den Kontakt zu den Römern. Sein Sohn Johannes Hyrkan I. erobert Moab und Samaria, führt Zwangsbeschneidungen durch und erhält Unterstützung durch die Sadduzäer. Sein Sohn Aristobul I. nimmt den Königstitel an, unterwirft Galiläa und fördert die Hellenisierung. Alexander Jannäus kontrolliert von Gaza bis fast nach Damaskus ganz Palästina und Teile von Transjordanien. Salome Alexandra vermag dieses Reich friedlich zu regieren und gewinnt die Unterstützung der Pharisäer. Aristobul II. erzwingt sich Hohepriesterwürde und Königstitel, wird aber von Pompeius seiner Ämter enthoben und ernennt Hyrkan II. zum Hohenpriester mit vermindertem Territorium. Antigonus wird noch für kurze Zeit König und Hoherpriester von der Parther Gnaden; er ist der letzte Hasmonäerkönig und wird 37 v.Chr. geköpft. Aristobul III., letzter Hoherpriester der Hasmonäer, wird 34 v.Chr. ertränkt.

169

Makkabäer
Mattatias gest. 166 v.Chr.
Judas Makkabäus 166–160
Jonatan (Hoherpriester) 160–143
Hasmonäer
Simon (Hoherpriester) 143–134
Johannes Hyrkan I. (Hoherpriester) 134–104
Aristobul I./Jehuda (Hoherpriester) 104–103
Alexander Jannäus/Jonatan (Hoherpriester) 103–76
Salome Alexandra 76–67
Aristobul II./Jehuda 67–63
Johannes Hyrkan II. (Hoherpriester) 63–40
Antigonus/Mattatias 40–37

175

Antiochus IV.
treibt die Hellenisierung Palästinas voran und polarisiert das Judentum; die Traditionalisten betrachten ihn als gottlos. Als er den Kult des »Zeus der Festungen« einführt (Dan 11,38), ist dies für die Militanten unter den Frommen das Fanal zum Widerstand (1Makk 4ff).

176

Johannes Hyrkan I.
lässt die ersten jüdischen Münzen prägen. Sie tragen die Inschrift »Jochanan, der Hohepriester und die Gemeinschaft der Juden«, ein Titel, den auch die meisten folgenden Hasmonäer übernehmen. Die verwendete althebräische Schrift ist damals nicht mehr in Gebrauch. Sie soll bewusst feierlich-altertümlich wirken.

177

Alexander Jannäus
ließ Münzen prägen, die einen Stern zeigen und die lapidare Inschrift »König Jehonatan« tragen. Auf der Rückseite steht in griechischer Schrift um einen Schiffsanker »König Alexander«. Die meisten Münzen tragen aber immer noch die traditionelle Inschrift (➛176)

178

Johannes Hyrkan II.
erhält 47 v.Chr. von Julius Cäsar den Titel eines Ethnarchen. Seither erscheint wahrscheinlich auf seinen Münzen die leicht modifizierte Inschrift »Jochanan, der Hohepriester und Haupt der Gemeinschaft der Juden«. Auf einigen Münztypen wird die »Gemeinschaft der Juden«, der Sanhedrin, nicht erwähnt.

179

Mattatias Antigonus,
der letzte Hasmonäer, prägt Münzen von auffallend schlechter Qualität. Die griechische Inschrift um eine Menorah nennt ihn »König Antigonus«, die hebräische Inschrift auf der Rückseite (➛206) hat die traditionelle Form (➛176). Die nationalen Symbole verweisen auf die Agonie des hasmonäischen Reiches.

Das Imperium Romanum und die Provinz Judäa

»Es begab sich aber zu der Zeit, dass ein Gebot von dem Kaiser Augustus ausging, dass alle Welt geschätzt würde. Und diese Schätzung war die allererste und geschah zur Zeit, da Quirinius Statthalter in Syrien war.« (Lk 2,1f)

Die römische Herrschaft verändert die Landschaft und Gesellschaft Palästinas wie keine zuvor. Ein Netz von massiven Straßen und fast schematisch gebauten Städten überzieht das durch einen Limes umgrenzte Land (➤ 186f). Diese Infrastruktur dient einer effizienten Beherrschung und Verwaltung des Reiches, genauso wie die Münzen, die außerdem ein Propagandainstrument sind und für uns eine wichtige geschichtliche Quelle darstellen (➤ 188–197). Die jüdische Oberschicht – Könige wie Herodes d. Gr., Geschichtsschreiber wie Josephus Flavius und Theologen wie Philo von Alexandrien – ist fasziniert von der Modernität der Römer. Man imitiert diese und übertrifft sie sogar. Die kleinen Leute aber stöhnen unter der modernen Herrschaft, die für sie schlimmer ist als die alte. Ihre Rebellion wird unter Vespasian und Titus mit der Zerstörung Jerusalems und vieler anderer Städte quittiert. Kein Wunder, dass Johannes, ein christlich-jüdischer Kriegsgefangener auf Patmos, Rom in seiner prophetischen Schrift mit der Chiffre »Hure Babylon« (Offb 17) kodiert.

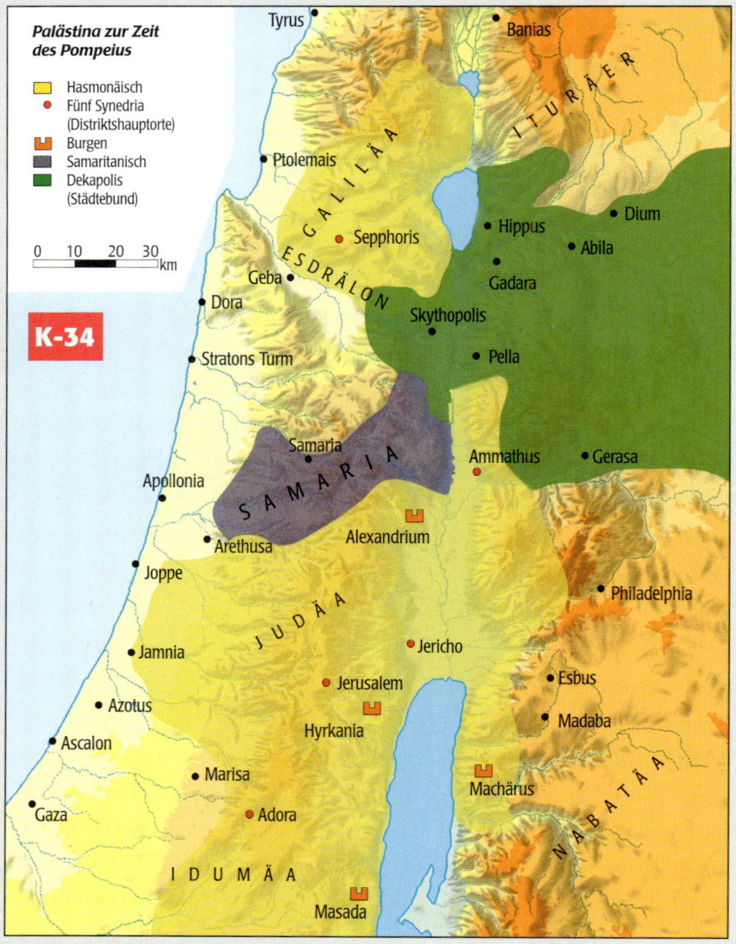

Römische Kaiser
Julier
Augustus 30 v.Chr.–14 n.Chr.
Tiberius 14–37
Gaius Caligula 37–41
Claudius 41–54
Nero 54–68
Galba, Otho, Vitellius 68–69
Flavier
Vespasian 69–79
Titus 79–81
Domitian 81–96
Adoptivkaiser
Nerva 96–98
Trajan 98–117
Hadrian 117–138

188

Münze Herodes d.Gr.
Über der Dioskurenmütze erscheint zwischen zwei Siegespalmen ein Stern. Die Dioskuren Castor und Pollux werden auch im Sternbild Zwillinge verehrt, einem bei hellenistischen Herrschern beliebten Glückszeichen, das Matthäus sinnreich mit dem Stern von Betlehem (Mt 2) kontrastiert.

189

Tyrischer Schekel
Opfertiere im Tempel von Jerusalem dürfen nicht mit römischem Geld gekauft werden. Deshalb sitzen in der sog. »Säulenhalle Salomos« Geldwechsler, die die römische Alltagswährung gegen tyrische Schekel, die härteste Währung der Gegend, eintauschen – offenbar zu Kursen, die den Zorn Jesu erregen (Mk 11,15).

190

Römischer Quadrans
Das römische Münzsystem umfasst elf Einheiten vom Talent (2,1294 kg Gold; vgl. Mt 28,24; 25,15) bis zum 384 000-mal billigeren Quadrans (2,41 g Rotkupfer), hier in einer Prägung von Pontius Pilatus. Nur halb soviel Wert hat die einheimische Perutah. Sie entspricht dem Tagesansatz für Taglöhner(innen) und dem »Scherflein der Witwe« (Mk 12,42ff).

191

Römischer Denar
(gr. Drachme) mit Tiberius als Kaiser und oberstem Priester. Soll man Steuern zahlen oder nicht? Auf diese Frage der Pharisäer und Herodianer hin lässt sich Jesus einen Denar zeigen, da er selbst keinen besitzt (Mk 12,13-17). Was zu sehen ist, wirkt auf dem Jerusalemer Tempelplatz wie eine Blasphemie.

192

Bronzemünze des Pontius Pilatus
Während die meisten röm. Prokuratoren Rücksichten auf religiöse Sensibilitäten der einheimischen Bevölkerung nehmen, lässt Pilatus auf seiner Münze einen Augurenstab (*lituus*), das Wahrzeichen des Imperium Romanum, darstellen. Unter seiner Verwaltung eskalieren denn auch die politischen Spannungen in Judäa.

Pompeius löst den desolaten Seleukidenstaat auf. 63 v.Chr. setzt er Hyrkan II. als Hohenpriester über Judäa, Peräa und Galiläa ein. Judäa wird unter Gabinius, dem ersten Prokurator, in fünf Distrikte mit je einem Synhedrion unterteilt (➛K-34).

180

181

Herodeion. 40 v.Chr. ernennt der römische Senat Herodes zum »verbündeten König« von Judäa. Mit skrupelloser Gewalt, kluger Taktik und ausgeklügelter Heiratspolitik gelingt es dem Judäer über vierzig Jahre lang zu regieren. Im Herodeion südöstlich von Betlehem wird der Antipode Christi (vgl. Mt 2) begraben (➛K-35).

Inschrift des Kaisers Antonius Pius am Hundsfluss 183

Der östliche Limes verläuft durch den Negev und Transjordanien. Konflikte verlangen immer wieder das Eingreifen der Imperatoren mit ihren Armeen. Von einer solchen Aktion unter Antonius Pius zeugt eine Inschrift am Hundsfluss, nördlich von Beirut, wo sich Fremdherrscher seit dem 2. Jt. v.Chr. im nackten Fels verewigen.

185

184

184/185 Rekonstruiertes Stadttor von Aelia Capitolina/ Damaskustor

Nach der Neugründung und Umbenennung Jerusalems unter Hadrian wird die Stadt im Stile römischer Kolonien neu aufgebaut. Am Nordende des Cardo maximus, der Hauptstraße, wird ein monumentales dreifaches Tor errichtet, auf dessen Überresten (rot markiert) heute das Damaskustor steht.

182

Das Wappen der in Palästina stationierten ***Legio Decima Fretensis***, hier auf einem gestempelten Ziegelstein, zeigt ein Wildschwein. Das für Juden unreine Tier verkörpert im Orient traditionellerweise Chaos- und Feindesmächte. Im Exorzismus am Besessenen von Gerasa ordnet Jesus die Dämonen, die sich »Legion« nennen, den Schweinen zu und schickt sie ins »Meer«, wie der See Gennesaret in diesem Wunderbericht voller Lokalkolorit genannt wird (Mk 5).

186

187

186/187 Römisches Straßenstück in Nordsyrien/ Römischer Meilenstein in der Schefela

Die römischen Städte werden durch ein ausgeklügeltes und gut unterhaltenes Straßensystem – das Werk unzähliger Sklaven – miteinander verbunden. Während Jesus das Zurücklegen von »Meilen« auf Römerstraßen mit (kolonialem) Zwang in Verbindung bringt (Mt 5,41), geht der römische Bürger Paulus darauf Tausende von Kilometern.

193

Jüdischer Silberschekel (14,12 g) Als die zelotischen Rebellen Jerusalem unter ihre Kontrolle bekommen, zerstören sie das Staatsarchiv mit den Schuldscheinen der kleinen Bauern und prägen sofort eigene Münzen. Über dem Kalix (Kelch) der Vorderseite steht stolz ein Alef für das Jahr 1 der neuen Ära (= 66 n.Chr.). Rückseite ➛203.

194

Judaea-Capta-Münze Vespasian und Titus propagieren ihren Sieg über Judäa auf diversen Münzen. Das abgebildete Exemplar zeigt auf der Rückseite des »Imperator Caesar Vespasianus Augustus« Judäa als Frau mit auf den Rücken gebundenen Händen (vgl. zur geknechteten Magd aber Lk 1,48; Joh 7,53-8,11); sie sitzt unter einer Palme, dem Stolz des Landes (vgl. Sir 24,14).

195

Gründungsmünze von Aelia Capitolina Sechzig Jahre nach dem Ende des ersten Jüdischen Krieges wird Jerusalem unter dem Namen Aelia Capitolina als römische Kolonie neu gegründet. Die hadrianische Münze zeigt pflügende Rinder vor der Legionsstandarte. Der Bau heidnischer Tempel löst die Bar-Kochba-Revolte aus.

196

Silbertetradrachme des Bar-Kochba-Krieges Die Fassade erinnert an den zerstörten Jerusalemer Tempel. Der messianische Stern darüber soll auf Bar Kochba, den »Sternensohn« und Revolutionsführer hinweisen.

Die Rückseite zeigt Lulav und Etrog, liturgische Elemente des Laubhüttenfestes, umgeben von der Inschrift »Für die Freiheit Jerusalems«.

197

Bronzemünze des Antonius Pius von Aschkelon Während die römische Herrschaft in Sichem und besonders in Jerusalem traumatische Spuren hinterlässt, ist die Geschichte Aschkelons von Kontinuität geprägt. Diese Münze aus dem Jahr 151 n.Chr. trägt die Jahrzahl 254 der Stadtära und zeigt den uräengeschmückten Phanebal-Tempel in altägyptischem Stil.

Judäa im ersten Jahrhundert

»Es treiben nämlich bei den Juden drei Gruppen Philosophie: Die Anhänger der ersten heißen Pharisäer, die der zweiten Sadduzäer; die dritte Gruppe aber, die sich in der Tat nach allgemeinem Urteil eines besonders heiligen Wandels befleißigt, heißt Essener.« (Josephus, Bell. 2,119)

Der jüdische Historiker und Zeitgenosse Jesu, Flavius Josephus, stellt seinem hellenistisch gebildeten Publikum drei jüdische Philosophenschulen vor. Außerdem spricht er ausführlich von den Machtverhältnissen im herodianischen Königshaus und von den religiösen und politischen Erweckungsbewegungen im einfachen Volk, den Propheten und besonders den Zeloten. Letztere macht er für den ersten Jüdischen Krieg verantwortlich, der im Jahr 70 n.Chr. zur Zerstörung des Jerusalemer Tempels durch die Römer und zum Ende der judäischen Unabhängigkeit führt.

199

Synagoge des Landstädtchens Chorazin

Im Hauptraum der Synagoge finden religiöse Feiern, Lehrveranstaltungen, politische Versammlungen und Gerichtsverhandlungen statt. Von einer Estrade aus wird die Tora verlesen. Auf einem Ehrensitz, dem »Stuhl des Mose« (Mt 23,2), nimmt die örtliche Lehrautorität Platz. Reisende werden beherbergt und Bedürftige erhalten das Armenbrot.

198

*Die Frömmigkeit des einfachen Landvolkes wird von den **Pharisäern** (den genau »Unterscheidenden«) geprägt. Die basisorientierte Laienbewegung bemüht sich durch scharfsinnige Tora-Auslegung um Gerechtigkeit im Alltag. Sie glaubt an die Auferstehung und ein jüngstes Gericht. Nach der Zerstörung des Tempels durch die Römer werden sie zur führenden Kraft im Judentum. Jesu Lehre und Methode steht der pharisäischen sehr nahe. Jesus durchbricht aber das pharisäische Verständnis von kultischer Reinheit (Mk 7,1ff).*

Synagoge des 1. Jh. auf der Masada. Der Grundriss zeigt eine kleine Kammer, die Geniza, in der abgenutzte Schriftrollen mit heiligen Texten beigesetzt werden.

200

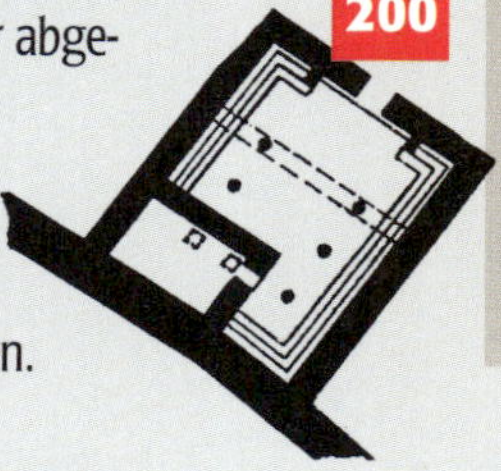

Gräber priesterlicher Familien aus der Zeit des zweiten Tempels im Kidrontal, am Fuße des Tempelberges. Der hellenisierende Stil illustriert die kulturelle Offenheit der religiös konservativen Sadduzäer.

205

*Die **Sadduzäer** (so benannt wegen ihrer Berufung auf den Hohenpriester Zadok; vgl. 1Chr 5,27ff; 24,1ff) sind die ideologische Stütze des hasmonäischen Königshauses. Sie lehnen den Glauben an eine Auferstehung und ein jüngstes Gericht ab und betrachten nur die geschriebene Tora als verbindliches Gesetz, nicht aber die mündliche Auslegungstradition. Durch ihre Mehrheitsposition im Sanhedrin sind sie die mächtigsten Kontrahenten der religiösen Protestbewegungen im Land.*

204

Rekonstruierte Münze des Mattatias Antigonus

Im Kampf gegen die aufkommende Dynastie der Herodianer lässt der letzte Hasmonäer (40–37 v.Chr.) auf seinen Münzen den Schaubrottisch und die Menorah (➛179) abbilden.

206

202

Masada

Auf dem natürlichen Fluchtfelsen am Südwestufer des Toten Meeres verschanzen sich von 66–74 n.Chr. etwa tausend radikale Zeloten, bis der Römer Flavius Silva die Festung mit ungeheurem technischem Aufwand schließlich einnimmt.

Alte Pilgertaufstelle im Wadi Kharran (Jordanien), möglicherweise das bei Joh genannte Betanien jenseits des Jordan. Waschungen in speziell dafür konstruierten Ritualbädern (*miqwot*) spielen im Judentum zur Behebung von kultischer Unreinheit eine große Rolle. Die einmalige Taufe stellt eine radikale Revolution dieser Sitte dar.

208

*Seit der Mitte des 1. Jh. v.Chr. wehren sich die **Zeloten** (»Eiferer«, nämlich für Gott und sein Gesetz) mit kämpferischen Guerilla-Aktionen gegen ihre jüdischen und römischen Unterdrücker. Zu ihren Zielen gehören die Entschuldung der Kleinbauern und eine gerechte Verteilung des Landes und seiner Erträge. Chefideologe der Zeloten ist Judas aus Gamala, genannt »der Galiläer« (Apg 5,37). Jesus verwahrt sich gegen die Gewaltmethoden der Zeloten, stimmt ihren sozialpolitischen Zielen aber weitgehend zu.*

201

Zelotenmünze

Die Aufständischen prägen während des Jüdischen Kriegs eigenes Geld. Die Rückseite des Silberschekels zeigt drei Granatäpfel, die auf die Fruchtbarkeit des Tempels verweisen, und die Inschrift: »Heiliges Jerusalem« (➛193).

203

207

*Im römischen Palästina treten viele Männer als **Propheten** auf. Sie verurteilen den Lebenswandel der Aristokratie, rufen zur Buße auf und verkünden den Anbruch der Endzeit. Diese Bewegungen werden von der römischen Besatzung blutig niedergeschlagen. Jesus von Nazaret ist Schüler des Propheten Johannes, der durch Herodes Antipas hingerichtet wird (Mk 6,17-29). Johannes beansprucht für die durch ihn vollzogene Waschung (Taufe) sündenvergebende Wirkung. Er erhält den Beinamen »der Täufer«.*

Münze, die ***Herodes Antipas*** anlässlich der Gründung seiner neuen Hauptstadt Tiberias prägen lässt. Wohl in polemischer Anspielung auf die darauf abgebildete Schilfpflanze vergleicht Jesus, der Prophet, den anpasserischen Regenten mit einem schwankenden Rohr (Mt 11,7).

209

210

Herodianer
Von 40 v. Chr. bis 90 n.Chr. wird Palästina ganz oder teilweise von den Herodianern, Klientelfürsten von Roms Gnaden, regiert. Herodes vermacht sein Reich testamentarisch seinen Söhnen Archelaus, Herodes Antipas und Philippus. Diese Aufteilung des Territoriums kommt dem römischen Staatsprinzip »divide et impera« (Teile und herrsche!) entgegen. Archelaus, Ethnarch (»Volksfürst«) von Judäa, Samaria und Idumäa, wird 6 n.Chr. auf Betreiben von Judäern und Samaritanern abgesetzt und nach Vienne (Frankreich) verbannt. Sein Territorium wird zur prokuratorischen Provinz mit Cäsarea maritima als Hauptstadt. Herodes Antipas wird Tetrarch (»Vierfürst«) über Galiläa und Peräa. Er untersteht der Aufsicht des römischen Statthalters von Syrien. Er verdankt seine lange Regierungszeit (bis 39 n.Chr.) im aufständischen Galiläa einer listigen Politik, die ihm von Jesus den Übernamen »Fuchs« (Lk 13,32) einbringt, und der freundschaftlichen Protektion durch den Kaiser Tiberius, dem zu Ehren er seine neue Hauptstadt am See Gennesaret »Tiberias« nennt. Philippus herrscht bis 33 n.Chr. als Tetrarch über die Gaulanitis, Batanäa, Trachonitis und Ituräa und somit über mehrheitlich nichtjüdische Bevölkerung. Das ausgebaute Paneas an den Jordanquellen nennt er zu Ehren des Kaiserhauses Cäsarea, die Neugründung Betsaida am See Gennesaret tauft er Julias. Agrippa I., der Nachfolger von Philippus, herrscht von 41–44 nochmals fast über das ganze Territorium seines Großvaters. Der letzte Herodianer, Agrippa II., regiert von Rom aus und ernennt noch den Hohenpriester. Jesus lehnt sowohl die herodianische Steuerpolitik im Interesse Roms (Mk 12,13-17) als auch das militärische Handlangertum der Oberschicht (Mk 3,1-6) ab.

212

Klosterruine von Qumran

In der Schreibstube der Essenersiedlung am Toten Meer werden die traditionellen religiösen Schriften kopiert, aber auch sektenspezifische Texte verfasst.

*Als der nicht-zadokidische Makkabäer Jonatan 150 v.Chr. das Hohepriesteramt unrechtmäßig für sich beansprucht, gründet der entmachtete, namentlich unbekannte Priester wahrscheinlich als »Lehrer der Gerechtigkeit« eine Oppositionsbewegung, die **Essener** (die »Frommen«). Sie ziehen sich in die Wüste zurück, um in wörtlicher Erfüllung von Jes 40,3 den Weg des Herrn zu bereiten. Durch strengste Beachtung der Reinheitsgesetze versuchen sie stellvertretend für ganz Israel, das sich der Heidenwelt geöffnet hat, Buße zu tun und entwickeln umfassende Szenarien für die Kämpfe zwischen den Söhnen des Lichtes und der Finsternis am Ende der Tage.*

211

Tonkrüge mit Schriftrollen

Beim Herannahen der Römer verstecken die Essener Schriften in Höhlen. Sie werden 1947 entdeckt, seither intensiv erforscht und von vielen als kostbarster aller archäologischen Funde in Palästina/Israel betrachtet.

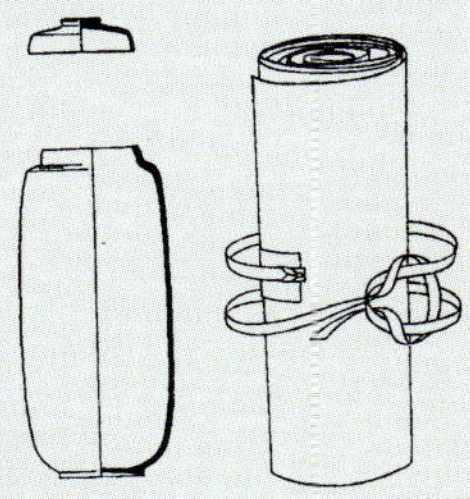

213

215

Blick auf Garizim (vorne) ***und Ebal*** (hinten), zwischen welchen die Stadt Nablus (Sichem) liegt (➛99). Das im 4. Jh. v.Chr. auf dem Garizim errichtete samaritanische Heiligtum lässt Johannes Hyrkan I. (➛169) zerstören.

214

*Die bis heute existierende Religionsgemeinschaft der **Samaritaner** verehrt ausschließlich die Tora als heilige Schrift. Sie hat ihren geschichtlichen Ursprung in der assyrischen Deportationspolitik (2Kön 17,24-41). Juden und Samaritaner rivalisieren in der Verehrung des einen Gottes in ihren je eigenen Heiligtümern, die sie gegenseitig zu verhindern (Esra 4) oder zu zerstören versuchten. Jesus von Nazaret relativiert den alten Glaubenskrieg durch die Ehrung Gottes im Geiste der Liebe. Die Frau vom Jakobsbrunnen wird zur christlichen Protoapostelin der Gegend um Sichem (Joh 4).*

Medaillon aus der Regierungszeit des ***Antonius Pius*** (138–161 n.Chr.) Die Römer errichten auf dem Garizim ein Zeus-Hypsistos-Heiligtum, das über eine imposante Treppe erreicht wird. Die Byzantiner ersetzen es durch eine oktogonale Marienkirche.

216

K-36

Orte und Landschaften im Leben Jesu

»Er zog in ganz Galiläa umher, lehrte in den Synagogen, verkündete das Evangelium vom Reich und heilte im Volk alle Krankheiten und Leiden. Und sein Ruf verbreitete sich in ganz Syrien.« (Mt 4,23-24)

Die Anhängerinnen und Anhänger der Jesusbewegung sind im dörflichen Milieu der kleinen Leute Galiläas beheimatet. Da heißt der See Gennesaret schlicht »Meer« (Mk 4,39), da gibt es Ressentiments gegen die reichen phönizischen Städte (Mt 11,20-24), da kursieren wilde Gerüchte über Heriodias, die Frau des Vierfürsten Philippus, die den Kopf des Johannes gefordert habe (Mk 6,17ff), vor allem aber gibt es da eine Bevölkerung, die physisch und psychisch unter den Dämonen der römischen Besatzung (Mk 5,1ff), unter den Diskriminierungen im Alltag durch rigorose Auslegung des jüdischen Gesetzes (Mk 5,21ff) und unter Hunger als Folge einer ausbeuterischen Klientelwirtschaft leidet. Diese Menschen warten sehnsüchtig auf den Erlöser und das Kommen seines Reiches. Unter ihnen kursieren Geschichten von Wunderheilungen, die ein gewisser Jesus von Nazaret, ein Zimmermann (Mk 6,3), vollbracht haben soll, der in seinem engeren Umkreis als Messias angesehen wird. Zum Pessachfest zieht er mit seinen Anhänger(innen) nach Jerusalem, wo es zur Konfrontation mit der jüdischen und römischen Obrigkeit kommt. Am Rüsttag des Festes, wahrscheinlich am 14. Nisan des Jahres 30, wird er in einem Schauprozess verurteilt und blutig hingerichtet.

Blick über den nördlichen See Gennesaret

Magdala, Gennesaret, Chorazin, Betsaida, Kafarnaum – die wichtigsten Stätten des Wirkens Jesu liegen in dieser sanfthügeligen Basaltlandschaft. Unter den ärmlichen Fischern von Kafarnaum am See Gennesaret fühlt sich Jesus am wohlsten. Von hier aus unternimmt er Wanderungen in die Dekapolis und in die Gegend von Tyrus und Sidon.

217

218

Blick aus dem Theater von Sepphoris auf die Battof-Ebene in Untergaliläa.

Galiläa ist berühmt für seinen landwirtschaftlichen Reichtum und überzogen von Dörfern, durch die der Wunderrabbi Jesus und seine Anhänger(innen) ziehen. Die Bevölkerung leidet unter dem wirtschaftlichen Druck von Seiten der Syrophönizier, auf die man nicht gut zu sprechen ist (vgl. Mk 7,27), und meidet wohl auch hellenistisch-römische Städte wie Sepphoris, das in den Evangelien nicht erwähnt wird.

Die an ihrem ungehobelten Dialekt leicht erkennbare (vgl. Mt 26,73) jüdische Bevölkerung Galiläas gilt als mutig. Sie organisiert sich gegen Unterdrückung und Ausbeutung teilweise durch Guerillaverbände, die im sog. »Räuberkrieg« durch Herodes d. Gr. niedergeschlagen werden. Auch nach der Absetzung des Archelaus in Judäa und nach dem Tod Agrippas I., besonders aber während des ersten Jüdischen Krieges ist Galiläa Hort zelotischer Widerstandskämpfer (➛201). – Die Dekapolis ist ein Verband kommunal selbstverwalteter Städte unter der Oberhoheit des römischen Statthalters der Provinz Syrien; außer Skythopolis (Bet Schean) liegen alle im Ostjordanland. Im Neuen Testament ist mit »Dekapolis« bzw. den »Zehn Städten« in erster Linie die Landschaft südöstlich des Sees Gennesaret gemeint.

K-37

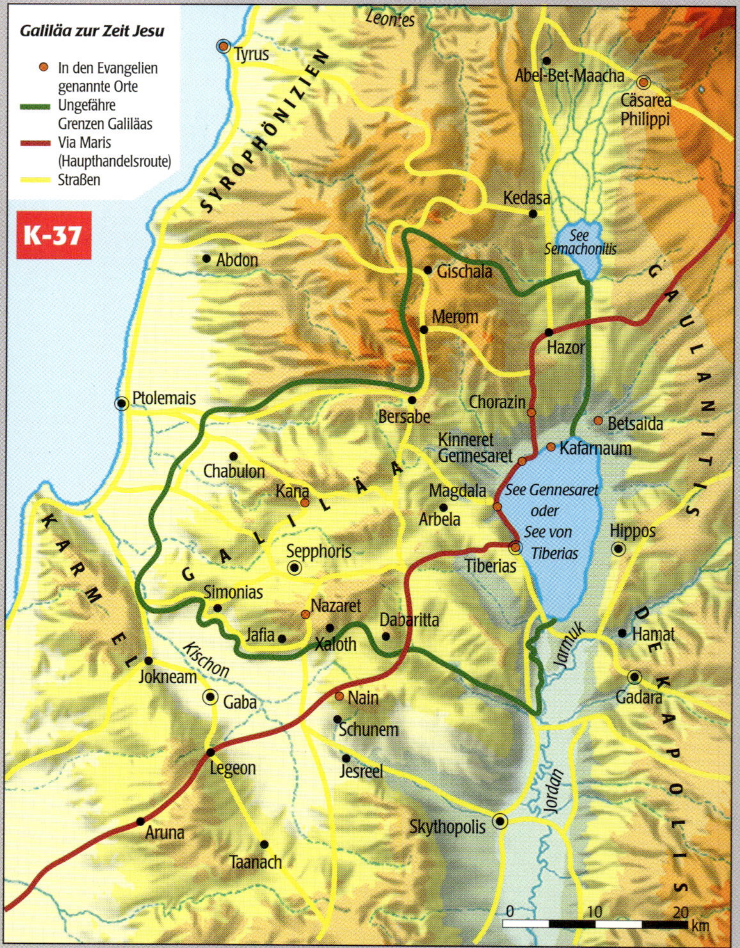

Rekonstruktion des Herodianischen Tempels vor dessen Mauern

Gesonderte Ein- und Ausgänge sowie Bereiche für Heiden, Frauen, Kranke und männliche Laien markieren Zonen unterschiedlicher Heiligkeit und spiegeln zugleich die gesellschaftliche Hierarchie. Der Tempel ist ein imposantes Propagandainstrument der jüdischen Elite (vgl. Mk 13,1). In seinen Hallen streitet Jesus mit Vertretern der verschiedenen theologischen Schulen (➛198; 204).

Der Ölberg ist ein Lieblingsort Jesu

Er liegt zwischen Betanien (»Armenhausen«) – damals ein Slum, wo Jesus im Hause von Simon dem Aussätzigen, Maria und Marta wohnte – und Jerusalem. In den Gärten am Ölberg unterweist Jesus seine Jünger. Von hier aus vergleicht er den aufwendigen Tempelapparat mit einem unfruchtbaren Feigenbaum, der dem Boden viel Kraft entzieht und reiches vielversprechendes Blätterwerk produziert, aber keine Früchte abwirft, die den Hunger stillen könnten, (vgl. Mk 11,12-25) und prophezeit seinen baldigen Untergang (Mk 13,2ff).

219

K-38

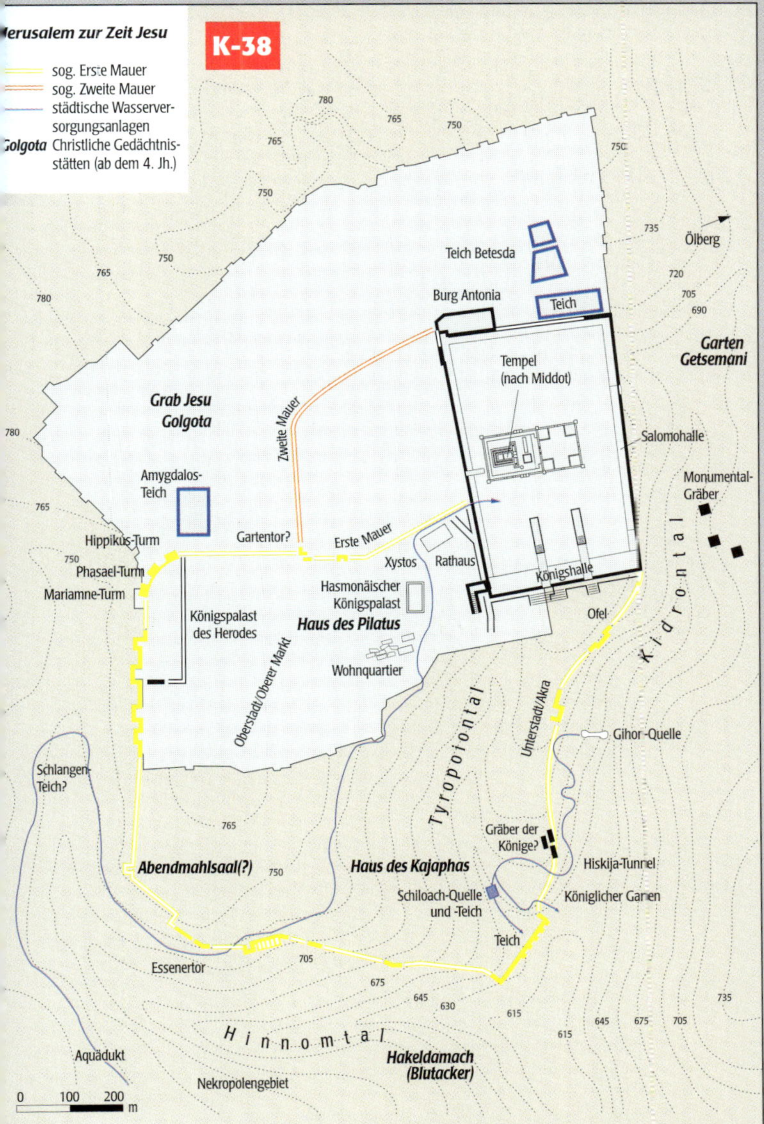

Ein Vergleich mit K-33 zeigt, dass sich Jerusalem in hell.-röm. Zeit stark nach Nordwesten vergrößerte. Außerhalb der sog. Zweiten Mauer befindet sich ein Steinbruchgelände und darin Golgota, die Hinrichtungsstätte der Stadt.

Das Prätorium, der Amtssitz des Pilatus, ist nicht bei der Garnisonsburg Antonia zu suchen, wie die franziskanische Pilgertradition seit dem 14. Jh. annimmt, sondern eher im Bereich des hasmonäischen Königspalastes.

Gedenkstein des Pontius Pilatus in Cäsarea

220

Von 6–66 n.Chr. regieren in Jerusalem römische Prokuratoren. Pontius Pilatus gehört zu den unerbittlichsten (➛192). Wahrscheinlich am 4. April 33 lässt er in Kooperation mit dem Sanhedrin der Juden Jesus von Nazaret unter Anklage der Anmaßung des Königtums und der Gotteslästerung vor den Stadtmauern Jerusalems kreuzigen (vgl. das apostolische Glaubensbekenntnis). Ein blutiger Überfall auf den Garizim, das Heiligtum der Samaritaner, kostet ihn zwei Jahre später sein Amt.

222

Grabes- oder Auferstehungskirche

Das für Jesus von Nazaret gestiftete Felsengrab des Josef von Arimathäa (Mk 15,42ff) wird als Gedächtnisort der Auferstehung Christi ab dem 4. Jh. ein Ziel christlicher Pilgerschaft, um den sich im Verlauf der Jahrhunderte viele weitere Gedächtnisstätten auskristallisieren, die wiederum von einer Vielzahl christlicher Konfessionen beansprucht werden. Die seit Konstantin mehrmals zerstörte und wieder aufgebaute Kirche wird so zum lebendigen historischen Abbild des christlichen Ringens um Einheit in der Vielfalt.

221

Die religiöse Umwelt des Urchristentums

»Was hat ein Gläubiger mit einem Ungläubigen gemeinsam? Wie verträgt sich der Tempel Gottes mit Götzenbildern?« (2Kor 6,15-16)

Im Christentum vollzog sich die im Alltag schon vielfältige Öffnung des Judentums gegenüber der Völkerwelt auch auf einer religiösen Ebene. Doch mit der Öffnung stellte sich, speziell für Heidenchristen, auch die Frage nach der Abgrenzung. Die Suche nach einer christlichen Identität vollzog sich vor allem im synkretistischen Milieu der großen Städte im östlichen Römerreich. Verschiedene Wirtschaftsinteressen, soziale und politische Optionen, Kulte und Reinheitsvorstellungen trafen hier aufeinander, führten zu Spannungen, aber auch zu neuen, interessanten Verbindungen.

David als Orpheus

223

Bodenmosaik aus der Synagoge von Gaza (6./7. Jh. n.Chr.) Ein Mann im Ornat des byzantinischen Kaisers, der wie der thrakische König Orpheus mit Gesang zur Leier die Tierwelt in seinen Bann schlägt, wird durch die hebräische Inschrift mit David identifiziert, dem Prototyp der Psalmensänger, dessen Leierspiel böse Geister zu vertreiben vermochte (1Sam 16,23). Er ist hier auch Vorbild für den Messias (Jes 11,6-8).

Gekreuzigter Esel

224

Graffito vom Palatin zu Rom (Mitte 3. Jh. n.Chr.) Die Beischrift lautet: »Alexamenos betet Gott an.« Alexandrinische Antisemiten identifizieren JHWH mit Seth und behaupten, die Juden beteten einen Esel an. Diese Verunglimpfung übernimmt sogar der römische Geschichtsschreiber Tacitus. Sie trifft auch Christen, auf die wohl das Kreuz gemünzt ist. Für die Heiden war die Verehrung eines Gekreuzigten nichts als Torheit (1Kor 1,18).

Fisch und Licht

Öllämpchen aus Palästina (2./3. Jh. n.Chr.). Im palästinischen Heidentum verweist der Fisch auf die Fruchtbarkeitsgöttin Atargatis. In christlichen Kreisen verweist der Fisch auf den Messias, da das griechische ΙΧΘΥΣ (»Fisch«) als Akrostichon für »Jesus Christus, Gottes Sohn, Erlöser« aufgefasst wird.

225

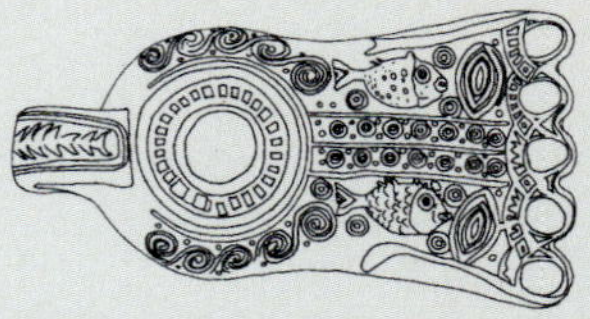

Erläuterungen zu den Gottheiten:

Andromeda *Hinter der zur Besänftigung Poseidons an einem Riff angeketteten Tochter der Kassiopeia und des Kepheus verbirgt sich die von Baal vor Jam beschützte Göttin Ischtar (➝Perseus).*
Apollo *Sonnen- und Orakelgottheit; entspricht dem ägyptischen Gott Amun-Re.*
Ariel-Ares *Kriegsgott (vgl. 2Sam 23,20).*
Artemis *Jagdgöttin; entspricht Anat bzw. der Herrin der Tiere.*
Asklepios *Heilgott, meistens im Kontext von heißen Quellen verehrt.*
Athena *Wehrhafte Stadtgöttin; Tyche von Athen.*
Demeter *Mutter der ➝Persephone.*
Derketo-Astarte *Altorientalische Mutter- und Fruchtbarkeitsgöttin.*
Dionysos *Ekstatischer Gott des Weins und der Fruchtbarkeit; ein Aspekt Baals (➝229).*
Dusares *Mit Dionysos und Zeus identifizierte, und in Gestalt heiliger Steine verehrte nabatäische Gottheit.*
Hades *Gott der Unterwelt; Vater der ➝Persephone.*
Helios *Sonnengott; entspricht dem vorderasiatischen Gott Schamasch und dem ägyptischen Gott Re.*
Herakles *Hellenistische Form für Melkart/Milkom.*
Hygieia *Heilgöttin, meistens zusammen mit ➝Asklepios verehrt.*
Io-Hathor *Verschmelzung der kuhgestaltigen Geliebten des Zeus mit der ägyptischen Liebesgöttin.*
Jupiter Capitolinus *Schutzgott der Stadt Rom.*
Legionsstandarten *In Garnisonslagern kultisch verehrte Insignien der römischen Legionen.*
Marinos *Vater des aus Schahba (Syrien) gebürtigen römischen Kaisers Philippus Arabs.*
Marnas *Stadtgott von Gaza.*
Men *Mond- und Kampfgott phrygischer Herkunft.*
Nike *Siegesgöttin.*
Nymphen *Quellgottheiten.*
Pan *Beschützer der Herden; Syrinxspieler; gerne in Grotten verehrt.*
Pegasus *Geflügeltes Pferd.*
Persephone *Tochter der Demeter und des Hades; Personifikation der sich jährlich regenerierenden Natur.*
Perseus *Heldenhafter Befreier Andromedas.*
Phanebal *»Angesicht Baals«; eine Verbindung der phönizischen Gottheiten Baal und Tanit, kriegerischer Natur.*
Poseidon *Griechischer Name des kanaanäischen Meeresgottes Jam.*
Serapis *Aus Osiris und Apis kombinierte Regenerationsgottheit.*
Theas Asteria *entspricht Ischtar*
Tyche *Personifizierte und als Göttin verehrte Stadt.*
Zeus *Höchster Gott des griechischen Pantheon; Wetter- und Vatergott.*
Zeus Akraios *Zeus der hohen Berge.*
Zeus Heliopolitanus *Zeus der Sonnenstadt.*
Zeus Hypsistos *Höchster Zeus.*

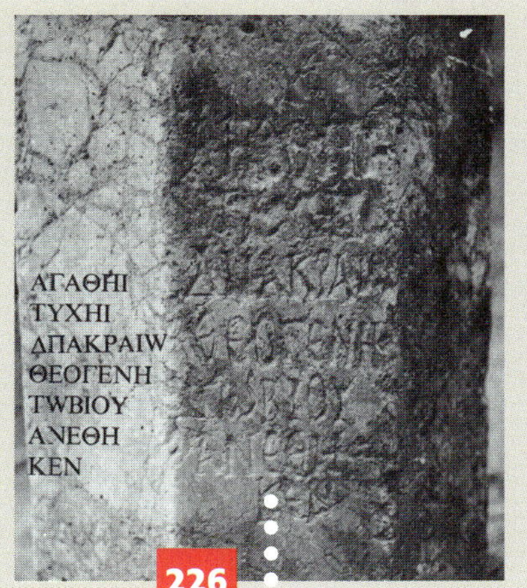

226

Altar für Zeus Akraios aus Bet-Schean, gestiftet um 140 n.Chr. von Theogene, der Tochter des Tobias, offenbar einer Frau jüdischer Herkunft. Der wohl auf der imposanten Akropolis von Skythopolis verehrte »Zeus des Hohen Berges« steht wie JHWH, der von den Griechen mit Zeus auf dem Olymp gleichgesetzt wurde (2Makk 6,2), in der Tradition der alten Berg- und Wettergötter, die in der Regel an der Spitze eines Pantheons standen. Die Verbindung von Opfer, Berg und göttlicher Gegenwart bleibt auch im Christentum durch den Kreuzestod von Christus auf Golgota zentral.

227

Kaiser Caligula
Der hellenistische Wohltäterkult mündet ab Alexander d. Gr. in einen Herrscherkult, der durch die Bedeutung des röm. Kaisers für die Armee bzw. die *pax romana* noch zugespitzt wird und im Judentum auf scharfe Kritik stößt (Dan 3,5f; 2Makk 9,8-12; Judit; Weish 7,1-6; 14,17-21). Der Versuch Kaiser Caligulas, im jüd. Tempel seine Statue (vgl. den »Greuel der Verwüstung« in Mk 13,14ff) aufstellen zu lassen, löst eine Krise aus. Die neutestamentliche Rede von Christus, dem Herrn und König, der in einem Stall zur Welt kam (Lk 2,1-20), ist eine pointierte Antwort auf den Herrscherkult.

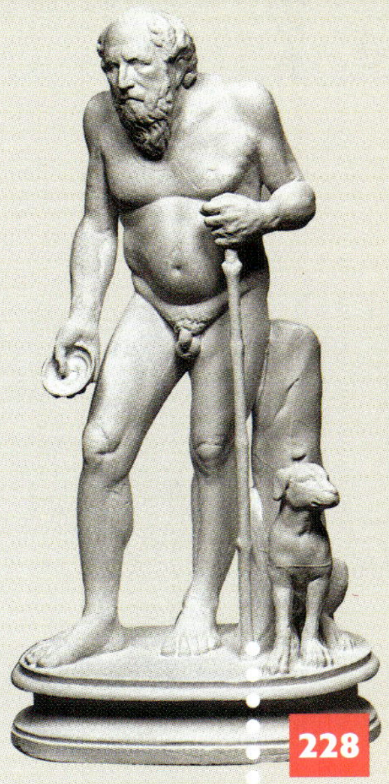

228

Der Kyniker Diogenes von Sinope
Nach Apg 17,18ff setzt sich Paulus auf dem Areopag von Athen mit epikureischen und stoischen Philosophen auseinander; nach Apg 19,9 unterrichtet er in Ephesus in der Schule des Tyrannus selbst wie ein Philosoph. Für Epikur gilt Nächstenliebe als höchste Lust. Die Moral der Stoa bildet teilweise einen weit verbreiteten *common sense*, der sich auch im neutestamentlichen Schrifttum widerspiegelt, etwa in Tugend- und Lasterkatalogen (z.B. Röm 1,29-31; 2Petr 1,5-7) oder den sog. Haustafeln (z.B. Eph 5,22-6,9; Kol 3, 18-4,1). Die einfache Lebensweise der umherziehenden Kyniker, denen sogar Feindesliebe geboten war, hat viele Gemeinsamkeiten mit Jesus und den Aposteln (Mk 6,8f; Lk 10,4).

229

Dionysos: Ausschnitt eines Bodenmosaiks aus Sepphoris
Korn (*dagon*) und Traubenmost (*tirosch*) werden in der Levante seit Alters als Gottheiten verehrt (vgl. Hos 2,24), in hellenistischer Zeit unter den Namen Ceres und Dionysos. Ptolemäus IV. Philopator versucht die alexandrinischen Juden gewaltsam zur Teilnahme an den Dionysosmysterien zu zwingen (3Makk 2,27-30). Bet-Schean gilt der örtlichen Bevölkerung als Geburtsort des Dionysos. Die Einverleibung des Gottes (vgl. Mt 26,26-29) ist nebst Weinwundern (vgl. Joh 2,1-12) ein wichtiges Element des ekstatischen Dionysoskultes.

230

Isis und Harpokrates (Horusknabe)
Marmorstatue aus Aschkelon (um 200 n.Chr.). Die erfolgreichste Religion orientalischen Ursprungs im römischen Reich ist die ägyptische Isisverehrung. Die Griechen gießen ägyptische Isisvorstellungen in die Form des dramatisierenden Mythos, der von den Menschen, die an den Mysterien teilnehmen, teilweise nachvollzogen wird. Das alexandrinische Judentum orientiert sich bei der Beschreibung der Weisheit an Hymnen, die Isis als Allgöttin darstellen (z.B. Weish 10). Wenn sich Christen und Christinnen bis heute dem Gnadenbild der Gottesgebärerin und ihrem königlichen Kind zuwenden, so hat sich außer den Namen und dem Stil gegenüber Isis und Horus wenig geändert.

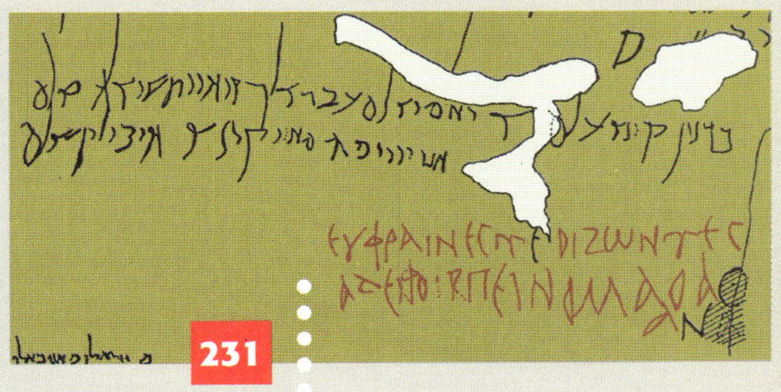

231

Epigramm im hellenistischen Jason-Grab zu Jerusalem
»Feiert, ihr lebenden Brüder, und trinkt dabei. Niemand ist unsterblich!«. Nur ein sehr geringer Teil antiker Grabmonumente enthält Anspielungen auf eine Jenseitshoffnung. Gängig sind hingegen Hinweise auf die Vergänglichkeit des Lebens und die Aufforderung an die Hinterbliebenen, das flüchtige Leben zu genießen (vgl. Koh 7,2; 9,1-9). Diese Auffassung teilen die Juden mit der übrigen Mittelmeerwelt. Unter dem Einfluss der ägyptischen Religion können sich die alexandrinischen Juden aber eine Gerechtigkeit nach dem Tod vorstellen (Weis 2) und Paulus stellt sich mit seinem pharisäischen Bekenntnis zur Auferstehung gegen die Tradition (1Kor 15,32).

232

Mahlszene aus der Katakombe Ss. Pietro e Marcellino
Vorbilder für die frühen kirchlichen Gemeinschaften sind einerseits die Synagogen in der Diaspora mit ihrer städtischen Infrastruktur und ihrer vorbildlichen Vernetzung mit anderen jüdischen Gemeinden und andererseits die *collegia*, antike Vereine, von welchen man z.B. das Amt des *episkopos* (Phil 1,1) übernimmt. Keimzelle des Christentums aber ist das Haus. Priska und Aquila (Röm 16, 15; 1Kor 16,19), Philemon (Phlm 2), Nympha (Kol 4,15), Lydia (Apg 16,15) u.a. sind Hausvorsteher(innen). Sinnlicher Ausdruck ihrer Gastfreundschaft sind das Agape-Mahl der Hauskirche und Mahlzeiten zum Totengedenken.

233

Uroboros (Weltschlange): Griechischer Zauberpapyrus (3. Jh. n.Chr.)
Der aus dem altägyptischen Motivschatz stammende Uroboros steht für die gebändigte Chaosmacht. Die ungeordnete, zerstörerische Welt durch Erkenntnis (Gnosis) des wahren Wesens der Dinge zu überwinden, ist die Sehnsucht der Gnostiker(innen). Ihre antike esoterische Bewegung konnte sich auch jüdischer und christlicher Motive und Vorstellungen bedienen, wie etwa der Gestalt der Sophia (Weisheit) oder des Christus. Simon Magus (Apg 8) galt vielleicht schon dem Evangelisten Lukas als Prototyp der Gnostiker, gegen die sich besonders die Verfasser der Briefe im Neuen Testament oft abgrenzen (vgl. 1Tim 6,20f; Tit 1,16; 1Tim 1,3f; 4,3).

234

IAO (JHWH) als Krieger mit Hahnenkopf und Schlangenfüßen: Amulett aus Alexandria
Das Motiv verheißt Sieg und Licht in einer finsteren Welt. Im Zentrum des Volksglaubens stehen Segen und Fluch. Besonders für die kleinen Leute ist das Leben ein Kampf und die Menge ihrer Feinde riesig. Um ihrem Schadenzauber zu entgehen, ist es nötig, sich mit den einflussreichsten Mächten und Gewalten zu verbünden. Hebräische und aramäische Gottesnamen werden deshalb auch außerhalb des Judentums gerne als magische Mächte in Anspruch genommen, daneben gibt es aber auch jüdische Zauberer (Apg 13,6; 19,13-17).

Die Welt des Paulus

»Ich bin oft gereist, ich bin in Gefahr gewesen durch Flüsse, in Gefahr unter Räubern, in Gefahr unter Juden, in Gefahr unter Heiden, in Gefahr in Wüsten, in Gefahr auf dem Meer, in Gefahr unter falschen Brüdern…« (2 Kor 11,26)

Die Welt des Apostels Paulus ist das multikulturelle östliche Mittelmeer, in dessen nordöstlichstem Winkel er aufgewachsen ist. Er ist Städter und damit ein Kind der hellenistischen Kultur. Er ist Jude und deshalb zu Hause im orientalischen Denken. Als Handwerker ist er im Kontakt mit fast allen Schichten, als Pharisäer bewandert in den Heiligen Schriften und als Mann ist es ihm möglich, sich frei im öffentlichen Raum zu bewegen und zu reisen. Nach seiner Bekehrung erweist sich Paulus als Vermittler zwischen verschiedensten kulturellen und sozialen Welten und als begnadeter Theologe. Seine neuartigen theologischen Kategorien (wie Kreuz, Auferstehung oder Charisma) in Verbindung mit einer unermüdlichen Missionstätigkeit leiten im Mittelmeerraum eine religiöse Revolution ein. Er ist das, was wir heute einen organischen Intellektuellen nennen, ein im Volk verwurzelter Denker.

235

Das Abrahamsopfer in der Synagoge von Dura-Europos (frühes 3. Jh. n.Chr.). Das bedeutendste Andachtsbild im damaligen Judentum ist auch ein Schlüssel zum Verständnis der für Paulus zentralen Rechtfertigungslehre. Er erkennt sich in Abraham, der im Begriff ist, im Gehorsam gegenüber Gott den eigenen Sohn zu töten. Der aber wird durch Gott selbst befreit und kann wieder auf(er)stehen.

236

Gedächtnismünze, geprägt im kappadozischen Cäsarea, auf der sich Kaiser Claudius (41–54) mit dem Speer im Vierspänner als Sieger über die Briten (DE [victis] BRITANN[is]) feiern lässt. Triumphzüge, in denen die Kriegsgefangenen (➛194) dem Herrscher voran zum Hinrichtungsaltar ziehen, und Triumphbögen, die an ihre Unterwerfung erinnern, gehören zur römischen Machtpropaganda. Paulus übernimmt die Rhetorik und stellt sie in den Dienst seiner Mission: »Gott aber sei Dank, der uns allzeit in Christus im Triumphzug herumführt und den Duft seiner Erkenntnis durch uns überall offenbar macht« (2Kor 2,14). In der Nachfolge Christi wird die Rolle der Verfolgten und Versklavten zu der der eigentlichen Sieger.

237–242 zeigen Münzen aus der Mitte des 1. Jh. n.Chr., Geld also, das Paulus von Tarsus auf seinen Reisen in der Hand gehabt haben könnte.

237

Tarsus, die Heimat von Paulus (Apg 21,39), ist eine wichtige Stadt in Zilizien, am Unterlauf des Kydnos. In der Revolutionszeit hält die Stadt zu Cäsar, weshalb sie von dessen Nachfolgern reich ausgestattet wird. Sie ist berühmt für ihre stoische Schule aber auch für die leinenverarbeitende Industrie, zu der der pharisäische Zeltmacher Paulus gehört. Die Juden der Stadt bilden wie andernorts in der Region eine bedeutende Minderheit.

238

Damaskus ist ab 66 v.Chr. eine römische Stadt der Dekapolis. Hier wird der Verfolger der Kirche Gottes, Saulus von Tarsus, durch eine Vision des Auferstandenen und im Kreise von hellenisierten Juden zum Begründer ihrer Theologie (Gal 1,11-18; Apg 9,1-25; 22,1-21; 26,4-20). Eine Reise führt ihn nach Arabien, vielleicht nach Hegra, wo er die in Gal 4,21-31 überlieferte Variante der Hagar-Sinai-Typologie kennengelernt haben könnte.

239

Ephesus ist eine blühende Stadt, nicht zuletzt dank dem Artemistempel, der in der Antike als eines der Weltwunder galt. Hier lebt und arbeitet Paulus im Kreise einer großen Schar von Mitarbeiterinnen und Mitarbeitern am längsten. Hier werden die meisten Briefe des Apostels geschrieben, und es gibt gute Gründe anzunehmen, dass sie hier, wo es so etwas wie eine Paulus-Schule gibt, auch zum ersten Mal als Sammlung herausgebracht werden.

240

Thessalonich, an zwei Handelsstraßen gelegen, ist mit ca. 80.000 Einwohnern die bevölkerungsreichste Stadt Mazedoniens. Paulus predigt dort 49 oder 50 n.Chr. zusammen mit Silvanus und Timotheus und gründet im Umfeld der Synagoge eine christliche Gemeinde. Aufgebrachte Juden verklagen Jason, den Gastgeber des Paulus, vor dem Stadtrat (Apg 17,1-15).

241

Korinth wird 146 v.Chr. (hundert Jahre nach seiner Zerstörung durch römische Truppen) von den Kaisern prachtvoll ausgebaut. Die quirlige Handels- und Handwerksstadt am Isthmus hat zwei Häfen, Lechaion und Kenchreä. Ihr multikulturelles Leben spiegelt sich auch in der von Paulus um das Jahr 50 n.Chr. hier gegründeten Gemeinde (vgl. Apg 18,1-18) und inspiriert den Apostel zu seiner Charismenlehre (1Kor 12f).

242

Philippi ist eine bedeutende Kleinstadt an der Via Egnatia. Nebst der einheimischen Bevölkerung leben hier viele italische Kolonistenfamilien, Eingewanderte aus Thrakien und dem Orient. Diese Entwurzelten ermutigt Paulus mit der bekannten Aussage: »Unser Bürgerrecht ist im Himmel...« (Phil 3,20) Paulus gründet die Gemeinde auf seiner zweiten Missionsreise um das Jahr 50 (Apg 16,11-40).

243

Rom ist die für antike Verhältnisse gigantische Metropole eines Weltreiches, das von Marokko bis zum Kaukasus reicht und mit Brot, Spielen und einem riesigen Heer zusammengehalten wird, wovon auf der Münze Trajans (103 n.Chr.) der Titusbogen und die Trajanssäule über dem Circus Maximus zeugen. Die christliche Gemeinde von Rom ist keine paulinische Gründung, und der Römerbrief ist weniger ein Gemeindeschreiben als ein theologischer Traktat, in dem Paulus insbesondere sein Selbstverständnis als Jude und sein Verhältnis zur Tora darlegt.

244

245

Das Theater von Ephesus

Hier kommt es nach Apg 19,21-40 zum Volksaufstand gegen eine Gruppe von Befreiungstheologen um Paulus. Die Souvenirverkäufer des Artemistempels fürchten um ihr Geschäft und klagen die Reformer der Pietätlosigkeit gegenüber der Göttin an. Dem Stadtschreiber gelingt es, die Masse zu besänftigen. Er verweist auf das Ansehen des Tempels in der römischen Welt. In der Tat: Anlässlich seiner Heirat mit Agrippina (49 v.Chr.) lässt Kaiser Claudius in Ephesus Münzen prägen, die ihn mit seiner neuen Frau zeigen (➛245), während auf der Rückseite das Kultbild der DIANA EPHESIA zu sehen ist (➛239). Die Göttin als Matronin des Herrscherpaares!

246

Antiochia in Pisidien ist die Hauptstadt der römischen Provinz Galatien, so benannt nach den keltischen Stämmen, die im 3. Jh. v.Chr. in Anatolien einwanderten. Paulus gründet auf seiner zweiten Missionsreise hier eine Gemeinde (Apg 13, 14-52). Sein Fazit im Brief an die Galater: »Es kommt nicht darauf an, ob einer beschnitten ist oder unbeschnitten ist, sondern darauf, dass er neue Schöpfung ist« (Gal 6,15).

Gerber im heutigen Fes (Marokko)

247

Paulus arbeitet wie seine Freunde Aquila und Priska als Zeltmacher (Apg 18,2 f). Simon, der Gastgeber des Petrus in Joppe, ist Gerber (Apg 9,43), Lydia aus Thyatira, die erste Christin Europas, Färberin, die auch mit Purpur handelte (Apg 16,14). Christliche Gelehrte empfinden es später als peinlich, dass das Christentum eine Religion der kleinen Leute ist. Aber bis heute nistet sich Gott immer noch am liebsten bei den Armen ein.

Register

1. Geographische Namen

(T. = Tell bzw. Tel;
Ch. = Chirbet)

2. Personen- und Götternamen

3. Sachbegriffe

Inhalt